AF493190

MANUAL PARA CONOCER LA LEY DE ARRENDAMIENTO INMOBILIARIO PARA USO COMERCIAL.
ARRENDAMIENTO COMERCIAL EN TIEMPOS DE SOCIALISMO

24. *Ley Orgánica de la Administración Pública,* por Allan R. Brewer-Carías, Rafael Chavero Gazdik y Jesús María Alvarado Andrade, 4ta Edición, Caracas 2009, 329 pp.

25. *Ley Orgánica para la prestación de los servicios de agua potable y de saneamiento,* María Elena Sandia de Segnini, Caracas 2002, 129 pp.

26. *Ley de Expropiación por causa de utilidad pública o social,* Allan R. Brewer-Carías, Gustavo Linares Benzo, Dolores Aguerrevere Valero y Caterina Balasso Tejera, Caracas, 2002, 201 pp.

27. *Ley del Estatuto de la Función Pública,* Gustavo Briceño Vivas y Joaquín Bracho Dos Santos, 1ra Ed., 3ra Reimpresión, Caracas 2006, 139 pp. 4ta Reimpresión, Caracas 2008, 139 pp.

28. *Ley Orgánica del Tribunal Supremo de Justicia,* Allan R. Brewer-Carías, 3ra Ed. corregida y aumentada, 4ta Reimpresión, Caracas 2008, 375 pp.

29. *Estudio del Código Orgánico Procesal Penal reformado el 14-11-2001,* Belén Pérez Chiriboga, Caracas 2004, 844 pp.

30. *Leyes Orgánicas del Poder Ciudadano,* Allan R. Brewer-Carías, Roxana Orihuela, María Alejandra Correa, Gustavo Briceño Vivas y José Ignacio Hernández, 1ra Edición, 1ra Reimpresión, Caracas 2006, 401 pp.

31. *Régimen Legal de Nacionalidad, Ciudadanía y Extranjería,* Allan R. Brewer-Carías, Caracas 2005, 136 pp.

32. *Ley sobre Medidas de Salvaguardia,* Duilio David Matheus Rodríguez, Caracas 2005, 174 pp.

33. *Ley de Protección al Consumidor y al Usuario,* José Ignacio Hernández, David Quiroz Rendón, Faustino Flamerique y Rafael de Lemos Matheus, Caracas 2005, 229 pp.

34. *Ley Orgánica del Poder Público Municipal,* Allan R. Brewer-Carías, Fortunato González Cruz, José Ignacio Hernández, Luis Fraga Pittaluga, Manuel Rachadell, Adriana Vigilanza, Daniela Urosa Maggi, Belén Pérez Chiriboga, 3ra Edición corregida y aumentada, Caracas 2007, 793 pp.

35. *Ley de Responsabilidad Social en Radio y Televisión (Ley Resorte),* Asdrúbal Aguiar, José Ignacio Hernández, Margarita Escudero, Ana Cristina Núñez Machado, Juan Manuel Raffalli A., Carlos Urdaneta Sandoval, Allan R. Brewer-Carías, Juan Cristóbal Carmona Borjas, Caracas 2005, 304 pp.

36. *Manual Jurídico sobre Comunicación Social,* Belén Pérez Chiriboga, Caracas 2006, 384 pp.

37. *Ley contra los Ilícitos Cambiarios,* José Ignacio Hernández G., Andrés Troconis, Gustavo Muci Facchín, Vicente Villavicencio, 1ª Edición, Caracas 2006, 184 pp.

38. *Régimen Jurídico de Seguridad Social (Estudio constitucional y legal del Derecho a la Seguridad Social y del Sistema de Seguridad Social),* Freddy Alberto Mora Bastidas, Caracas 2007, 576 pp.

39. *Manual Didáctico sobre el Análisis e Interpretación de los Estados Financieros,* José Félix Ruíz Montero, Caracas, 2007, 285 pp.

40. *Ley Orgánica de Prevención, Condiciones y Medio Ambiente de Trabajo (Reglamento Parcial),* Juan Carlos Pró Rísquez, Gabriel Calleja Angulo y José Ignacio Hernández, Caracas 2007, 264 pp.

41. *Ley de Aguas,* Allan R. Brewer-Carías, Caracas 2007, 139 pp.

42. *Hacia la consolidación de un Estado socialista, centralizado, policial y militarista,* Allan R. Brewer-Carías, Caracas 2007, 160 pp.

43. *La Reforma Constitucional de 2007. Comentarios al proyecto inconstitucionalmente sancionado por la Asamblea Nacional el 2 de noviembre de 2007,* Allan R. Brewer-Carías, Caracas 2007, 225 pp.

44. *Ley de Contrataciones Públicas,* Allan R. Brewer-Carías, Carlos García Soto, Gustavo Linares Benzo, Víctor Hernández Mendible, José Ignacio Hernández G., Luis Alfonso Herrera Orellana, Miguel Mónaco, Manuel Rojas Pérez y Mauricio Subero Mujica, Caracas 2008, pp. 295; Segunda Edición, actualizada y aumentada, Allan R. Brewer-Carías, Víctor Hernández Mendible, Miguel Mónaco, Aurilivi Linares Martínez, José Ignacio Hernández G., Carlos García Soto, Mauricio Subero Mujica, Alejandro Canónigo Sarabia, Gustavo Linares Benzo, Manuel Rojas Pérez, Luis Alfonso Herrera Orellana, y Víctor Raúl Díaz Chirino, Caracas 2009, 466 pp.

45. *Leyes sobre Distrito Capital y del Área Metropolitana de Caracas,* Allan R. Brewer-Carías, Manuel Rachadell, Nelson Socorro, Enrique Sánchez Falcón, Tulio Álvarez y Juan Carmona, Caracas 2009, 210 pp.

46. *Ley Orgánica de los Consejos Comunales,* Allan R. Brewer-Carías, Caracas 2010, 100 pp.

47. *Ley Orgánica de la Jurisdicción Contencioso Administrativa,* Allan R. Brewer-Carías, Víctor Hernández Mendible, 2da Edición, 1ra reimpresión, Caracas 2012, 330 pp.

48. *Ley Orgánica del Tribunal Supremo de Justicia*, Allan R. Brewer-Carías, Víctor Hernández Mendible, Caracas 2010, 304 pp.

49. *Ley Orgánica de Procesos Electorales*, Manuel Rachadell, Juan Miguel Matheus, Ricardo Antela Garrido, Pedro Afonso del Pino, Jesús María Alvarado Andrade, Luis Izquiel, José Ignacio Hernández con prólogo de Allan Brewer-Carías, Caracas, 2010, 304 pp.

50. *Leyes Orgánicas sobre el Poder Popular (Los Consejos Comunales, las Comunas, la Sociedad Socialista y el Sistema Económico Comunal)*, Allan Brewer-Carías, Claudia Nikken, Luis A. Herrera Orellana, Jesús María Alvarado Andrade, José Ignacio Hernández y Adriana Vigilanza), Caracas, 2011, 721 pp.

51. *La Constitución de 1999 y la Enmienda Constitucional N° 1 de 2009*, Allan Brewer-Carías, Caracas 2011, pp. 619

52. *Documentos Constitucionales de la Independencia 1811 / Constitutional Documents of the Independence of Venezuela 1811*, Allan R. Brewer-Carías, Caracas 2012, pp. 664.

53. *Ley costos y precios justos*, Claudia Nikken (Coordinadora), estudios por: Carlos García Soto, Marianela Zubillaga, Claudia Nikken, María Alejandra Correa Martín, María Giovanna Mascetti, Allan R. Brewer-Carías, Andrea Santacruz, José Ignacio Hernández G. Alejandra Cerviño y Leonardo Palacios Márquez, Caracas 2012, 504 páginas.

54. *Ley Orgánica del Trabajo, los trabajadores y las trabajadoras (LOTTT) y su Reglamento Parcial sobre el tiempo de trabajo*, Cesar Augusto Carballo Mena, Caracas 2013, 423 páginas.

55. *Código de Derecho Administrativo*, Allan R. Brewer-Carías, Caracas 2013, 396 páginas.

56. *Manual para conocer la ley de arrendamiento Inmobiliario para uso comercial. Arrendamiento comercial en tiempos de socialismo*. Irma Lovera De Sola, 1ra Edición, Caracas 2015, 117 páginas, 2da Edición, Caracas 2016, 115 páginas, 3ra Edición, Caracas 2020, 118 páginas.

Irma Lovera De Sola

MANUAL PARA CONOCER LA LEY DE ARRENDAMIENTO INMOBILIARIO PARA USO COMERCIAL

ARRENDAMIENTO COMERCIAL EN TIEMPOS DE SOCIALISMO

3ra. Edición

Prólogo
Alberto Lovera

COLECCIÓN TEXTOS LEGISLATIVOS

N° 56

Editorial Jurídica Venezolana
Caracas, 2020

© Irma Lovera De Sola
ISBN 978-980-365-333-0
Depósito Legal lf5402016320370

Editorial Jurídica Venezolana
Sabana Grande, Av. Francisco Solano, Edif. Torre Oasis, Local 4, P.B.
Apartado Postal 17.598, Caracas 1015-A, Venezuela
Teléfonos: 762.2553/762.3842 - Fax: 763.5239
E-mail fejv@cantv.net
http://www.editorialjuridicavenezolana.com.ve

Impreso por: Lightning Source, an INGRAM Content company
para: Editorial Jurídica Venezolana International Inc.
Panamá, República de Panamá.
Email: ejvinternational@gmail.com

Diagramación, composición y montaje
por: Mirna Pinto de Naranjo, en letra Book Antigua 11,
Interlineado 11,5 mancha 11.5x18

SUMARIO

PRÓLOGO
COMERCIO, CIUDAD Y LEGISLACIÓN

Alberto Lovera*

En las economías modernas es clave que existan unos capitales, empresas y personas que se ocupen de hacer que lo que se produce en el mercado interno o externo llegue a los consumidores tras una operación de transacción. Es la función del comercio.

La legislación de la actividad comercial y en particular del arrendamiento en este campo no es indiferente, puede ayudar u obstaculizar las condiciones necesarias para que esta función indispensable de la economía pueda realizarse plenamente y complete el ciclo de producción-comercialización-consumo.

Este libro de Irma Lovera De Sola aborda la legislación del año 2014 sobre arrendamiento comercial busca orientar de la manera más didáctica sobre el particular, aportando un análisis crítico sobre sus fundamentos y disposiciones, útiles para pensar futuros perfeccionamientos y modificaciones.

Las prácticas del arrendamiento comercial previos a nueva ley, habían rebasado la normativa vigente, y crearon tensiones entre los diferentes actores involucrados. Esto llevó al Decreto 602 de 2013 que reguló y congeló los montos de alquileres y de condominio en todos los locales comerciales, sometiéndolos al arbitrio de los organismos estatales, y más tarde a la nueva legislación en el 2014. En este libro se discute si la nueva normativa logró o no una respuesta más equilibrada para los intereses implicados.

---

*   Sociólogo. M. Sc. en Planificación del Desarrollo. Mención: Ciencia y Tecnología. Especialista en Asentamientos Humanos. Doctor en Arquitectura. Profesor Titular e Investigador del Instituto de Desarrollo Experimental de la Construcción (IDEC), Facultad de Arquitectura y Urbanismo, UCV.

En las líneas que siguen pretendemos mostrar que esta legislación, como cualquiera otra, no se da en un vacío social, está condicionada por el contexto y las determinaciones de una actividad como la comercial que no es ajena a la evolución y transformación de la dinámica de los centros urbanos.

El comercio no actúa en un espacio homogéneo, se despliega en la heterogénea trama urbana. Como toda actividad requiere de un lugar de emplazamiento, un sitio donde se encuentren productos o servicios y consumidores, mediados por los agentes que lo hacen posible: los comerciantes. Los conocemos porque a esos lugares se dirigen los consumidores: abastos, locales comerciales de diferente naturaleza junto a comercios más complejos, mercados o supermercados, posteriormente centros comerciales e hipermercados, conviviendo con otras edificaciones que albergan el resto de las actividades urbanas.

La heterogeneidad del espacio urbano establece diferencias en las posibilidades de realizar el acto de comercio. No es indiferente que los consumidores estén cerca o lejos de las mercancías que aspiran comprar. Esa es la lógica que gobierna la creación de circuitos comerciales donde hay una mayor densidad de población o mayores posibilidades de interacción.

La ubicación de los comercios es clave para establecer la diferencia entre los que pueden acelerar una alta rotación y de ganancias respecto aquellos que por su localización no cuentan con estas ventajas. Eso establece una posibilidad a los propietarios de los terrenos y locales donde se emplazan los comercios de apropiarse de las rentas del suelo que allí se producen, que han sido analizadas en sus efectos sobre la dinámica urbana y las rentas del suelo urbano (*Cf.* Jaramillo, 2009).

Es conocido que en nuestras ciudades la actividad comercial se desarrollaba original y principalmente en el casco o centro histórico. Quienes vivían en tal ubicación y quienes se encontraban en otras zonas aledañas de la ciudad allí iban "a hacer mercado" porque era donde se concentraban los establecimientos comerciales, sin desconocer la existencia de los pequeños comercios en la trama de urbanizaciones y barrios.

Con la expansión de las ciudades una parte de la población se trasladó a nuevos emplazamientos residenciales, dejando la zona central de las ciudades predominantemente para el alojamiento de la población migrante de menores ingresos, que aprovechan la centralidad para reducir sus gastos de transporte de la vivienda al trabajo, sea formal o informal (en casas de vecindad y pensiones); conviviendo con las actividades productivas, comerciales, financieras y de servicios.

Progresivamente de un centro único y hegemónico de la ciudad se pasa a la existencia de varios de ellos, proceso catalizado por la propia extensión de la trama urbana, acompañados por la presencia del transporte colectivo e individual y la construcción de nuevas vías. Se va configurando la ciudad primero extendida, luego cada vez más dispersa.

Este proceso da lugar a la aparición de una modalidad de comercio novedoso para entonces: el Centro Comercial, cuyas primeras muestras en Venezuela las tenemos a finales de los años cuarenta con el Centro Comercial TODOS en Maracaibo (1949) e inicios de los años cincuenta del siglo XX con el Centro Comercial CADA en Las Mercedes en Caracas (1950) (*Cf.* Museo Nacional de Arquitectura, 2010). A diferencia del modelo estadounidense donde predominaba la ubicación periférica, en nuestro caso se enclavan en la trama de la ciudad. Esta modalidad seguirá reproduciéndose en las grandes ciudades y más tarde en otras aglomeraciones urbanas, siempre de alta densidad poblacional.

Una década larga más tarde, aparecerá hacia fines de los años 60 del siglo XX el Centro Comercial Chacaíto en Caracas, que se convertirá en un icono, que se ubica en una zona hacia donde se habían traslado a lo largo de los años 50 y 60 un conjunto de establecimientos comerciales de la capital (*Cf.* Pinzani, 1971). A diferencia de los primeros centros comerciales, esta nueva modalidad inauguró la mezcla de actividades comerciales con las de recreación. Este centro comercial ha estado integrado al espacio a la ciudad, donde el acceso era irrestricto, un esquema que posteriormente se modificará por los problemas de inseguridad en las ciudades que obligarán a diseños de edificaciones más cerradas.

Los centros comerciales no sustituyen los establecimientos tradicionales sino que conviven y compiten con ellos en las ciudades de mayor tamaño, sin poder desplazarlos porque en las etapas iniciales y aún en la actualidad atienden a segmentos del mercado diferentes o responden a diferentes escalas de compras.

En uno de los pocos estudios que conocemos sobre los centros comerciales y su incidencia sobre la organización del espacio venezolano (Amaya, 2009), se proponen tres momentos o generaciones de su implantación, que los diferencian.

La primera generación (a partir de los años 50 del siglo XX) que iniciaron esta modalidad. Se localizaron en los ejes de expansión de las ciudades como una forma de desconcentración del núcleo de comercio y servicios del casco de la ciudad, donde en una sola ubicación se encontraban variadas ofertas de comercio y servicios.

La segunda generación (en los años 80 del siglo XX) se ubicó en emplazamientos más periféricos, pero siempre dentro de la trama de la ciudad, ampliando la oferta de lo que estaba a disposición de los consumidores, incluyendo actividades de ocio. El área que ocupan es mucho mayor que los de la etapa precedente. Convivirán con los centros comerciales de la tercera generación para atender zonas de expansión de la ciudad donde se ubican los sectores de altos y medios ingresos.

La tercera generación (a partir de los años 90 del siglo XX y los primeros años del siglo XXI) se hace más variada y compleja. Ya no sólo se ofrece una concentración de actividades comerciales, de servicio y de ocio, sino una privatización del espacio público con garantías de seguridad que la ciudad ha ido perdiendo. Su tamaño es todavía más grande y su ubicación suele estar articulada con vías principales o sistemas de transporte colectivo. Aunque en el diseño de estos nuevos centros comerciales ha predominado el modelo de caja cerrada de raíz norteamericana, ha habido experiencias de centros comerciales más abiertos a su entorno (*Cf.* Gómez de Llarena, Carlos et. al., 2010). En algunos casos el área comercial se combina con torres de oficinas.

Paradójicamente el período de mayor producción de centros comerciales en Venezuela, sobre todo de la llamada tercera generación, se ha operado en medio de un régimen que ha combatido, al menos retóricamente, al neoliberalismo (*Cf.* Amaya, 2009). Las inercias económicas no son fáciles de modificar, mucho menos en una economía como la venezolana que es más rentista que productiva, y alimenta la propensión al consumo.

Adicionalmente, las orientaciones de la política económica que han prevalecido en el país a partir de 1999, han llevado a la reducción de la capacidad de producción nacional y su sustitución por una importación masiva de bienes, en medio de una coyuntura de altos ingresos, unos provenientes del petróleo (2003-2013, con excepción de los años 2009-2010, donde hubo una caída), otros del endeudamiento externo e interno, que permitieron el crecimiento significativo del gasto público, hasta el nuevo ciclo a la baja de los ingresos petroleros (a partir de 2014), que se ha reflejado en la caída del PIB per cápita desde entonces, y el agravamiento de la situación inflacionaria y de la escasez de los bienes esenciales (alimentos y medicinas), así como del déficit fiscal. Un asunto que escapa a la consideración de este texto (*Cf.* Vera, 2014).

Durante ese período de crecimiento de la economía venezolana, la actividad comercial tuvo un aumento muy importante en todas sus modalidades (comercio tradicional, comercio informal y centros comerciales) a lo largo de casi una década. En ese lapso tanto la producción inmobiliaria de los centros comerciales como su operación tuvieron incentivos adicionales. Con el establecimiento del control de cambio en el 2003 y otros elementos de las políticas públicas, se generaron varios procesos que catalizaron su significación. Las limitaciones de los sectores medios para consumir en el exterior bienes y servicios, fueron sustituidas en parte en los centros comerciales gracias a las importaciones masivas (hasta que llegaron los tiempos de las vacas flacas, desde el 2013); las restricciones que pesaban sobre las empresas internacionales para repatriar sus dividendos en divisas las condujo a reorientarlas a bienes que las preservaran, la inversión inmobiliaria ha sido un canal para ello, viviendas, oficinas y centros comerciales han sido algunos de los productos refugio. Cuando en el mercado habitacional se establecieron restricciones y confiscaciones, la inversión se dirigió a las oficinas y centros comerciales, no inmunes a la intervención, como demostró el caso de la ocupación y prohibición de operar de un centro comercial en el corazón de Caracas, pero que no ha sido un expediente fácil de generalizar, aun cuando ha ralentizado la construcción de centros comerciales.

Los datos disponibles permiten indicar que ha venido creciendo la importancia de los centros comerciales como lugar de transacciones. La encuesta de Datanálisis para la Cámara Venezolana de Centros Comerciales (CAVECECO), realizada en el 2007, muestra las tendencias al compararlas con el 2003. En efecto, al medir dónde se vende más, en los centros comerciales o en comercios de calles y bulevares, encontramos que entre ambas fechas ha crecido la importancia de los primeros, mucho más en las regiones capital y central, donde se pasó de cerca de un tercio a más de la mitad de las ventas que se realizan en estos establecimientos, un poco menos pronunciada es la tendencia en las regiones Los Andes y Oriental del país, donde también hay menor cantidad de centros comerciales, y aunque su significación ha crecido, sigue siendo muy importante las ventas en el comercio tradicional. Destaca en todos los casos que las ventas en calles y bulevares están cerca o superan el 50% de las transacciones (*Cf.* Datanálisis, citado en Museo Nacional de Arquitectura, 2010). La información más reciente ratifica estas tendencias. De allí que no se puede menospreciar el volumen de los visitantes al comercio tradicional, menos visible por su dispersión, pero significativa.

La actividad comercial se realiza en nuestras ciudades en espacios diversos: en las calles y bulevares de los diferentes nodos de ciudades policéntricas que ahora muestran nuestras urbes más importantes; en los pequeños comercios insertos en la trama de urbanizaciones y barrios; en la variedad de Centros Comerciales producto de las sucesivas generaciones que conviven; así como de modalidades híbridas: Centros Comerciales de amplio porte que en sus pasillos albergan a pequeños comerciantes, edificaciones donde se ubican en su seno muchos mini-locales donde se concentran comerciantes que antes lo hacían en el comercio informal en las calles y, por supuesto la amplia gama de trabajadores informales localizados en calles y avenidas, con estructuras precarias y no tan precarias y el vendedor ambulante. Detrás de toda esa multiplicidad de agentes están los distribuidores comerciales que suplen no sólo a los grandes centros comerciales sino también a los buhoneros, mostrando la trama múltiple que conecta todas las actividades comerciales.

Los locales comerciales sean a pie de calle o en edificaciones donde se concentran muchos establecimientos tienen variadas modalidades de propiedad y alquiler, como es en general en el mercado inmobiliario (*Cf.* Lovera, 2011).

Primera modalidad: Compra-venta. El comerciante adquiere en propiedad el local o la edificación donde va a ejercer su actividad. Los montos que pagará están mediados por su ubicación, conectividad y densidad de población, que implican evaluación de las potencialidades mayores o menores de su localización para la actividad que se desarrollará en ese emplazamiento, entre otros parámetros, así como la calidad y complejidad de la edificación.

Segunda modalidad: Quienes ejercen la actividad comercial deben pagar un alquiler al propietario de la edificación o del local. La modalidad tradicional es el acuerdo entre propietario e inquilino comercial de un canon de arrendamiento, donde la ubicación en la trama de la ciudad es un factor que pesa decisivamente, dado que ciertos emplazamientos facilitan o dificultan la actividad del intercambio comercial y ello pesa sobre los montos de arrendamiento (*Cf.* Jaramillo, 2009).

Tercera modalidad: En el caso de los Centros Comerciales encontramos una mezcla de ambos procedimientos. Locales que son vendidos y adquiridos en propiedad (lo cual les permite a los promotores recuperar en un período más breve una parte de su inversión); espacios que son alquilados por un canon de arrendamiento establecido entre las partes. En este tipo de edificación siempre hay un costo adicional referido al condominio que se paga por los servicios comunes.

Cuarta modalidad: Se establece un canon de arrendamiento, además de una cuota parte de las ventas, similar al que se establece en el régimen de franquicias. Los propietarios de los inmuebles se aseguran de esta manera un ingreso fijo por arrendamiento, sea cual sea el desempeño del negocio que alberga el local, pero en períodos de auge un ingreso adicional por las ventas, haciéndose de una parte de las ganancias del comerciante sin haber invertido en la actividad.

Esta última modalidad merece un comentario adicional. En estos casos el capital inmobiliario que antes derivaba sus beneficios económicos de la transacción de la compra-venta del inmueble, y cuyo precio se derivaba de la evaluación de las potencialidades del terreno y/o edificación que negociaba para la actividad que allí se iba a desarrollar, y allí terminaba su ciclo, y en el caso del alquiler, trataba de negociar un canon de arrendamiento que reflejara las potencialidades del punto para apropiarse de una cuota parte de lo que el comerciante podía obtener por encontrarse en un sitio de mayor centralidad, conectividad, densidad poblacional, etc., pero que no se podía modificar hasta la renovación del contrato de alquiler, ahora puede, si la actividad comercial produce mayores ganancias que las estimadas originalmente, apropiarse de una parte de ellas. Esto es un cambio sustancial. Hasta que estas nuevas modalidades aparecieron, las transacciones se centraban en cuánto debía ceder el capital productivo al capital comercial para acelerar su tasa de rotación por encargarse de la fase de circulación comercial de las mercancías. Ahora ciertas fracciones del capital inmobiliario han podido ingeniárselas para no sólo obtener un beneficio (en compra-venta o alquiler) por el acceso o uso del lugar donde se realizan las actividades económicas, sino para apropiarse de una parte de las ganancias que producen quienes hacen uso del espacio construido al cual le han dado acceso mediante un alquiler, pero con participación en la ventas.

No hay duda que debe haber alguna regulación estatal del mercado inmobiliario sin castrar la iniciativa de los particulares, empresas y comunidades, cuidando que la modalidad escogida no conspire contra un equilibrio sano entre los intereses de los actores involucrados. Ello es parte de la amplia y polémica discusión sobre cuánto mercado y cuánto Estado es conveniente para atender tanto las imperfecciones del mercado como las del Estado.

En lo que se refiere al arrendamiento comercial el texto de Irma Lovera De Sola nos recuerda que los locales a pie de calle habían estado regulados por Ejecutivo Nacional (en los casos de construcciones anteriores a 1987) y la ley de Arrendamientos Inmobiliarios de 1999 contemplaba un equilibrio contractual entre arrendador y arrendatario con intervención moderada del Estado en la fijación de alquileres, dejando amplia libertad para acuerdos entre las partes. Algo que en la nueva legislación se pierde, en unos casos por la imposición del Estado o por esquemas de arrendamiento que homogenizan los métodos de cálculo que son aplicables, según la nueva legislación, a una realidad heterogénea.

En efecto, en la Ley de Arrendamiento Comercial del 2014 se contempla varios métodos de cálculo de los alquileres y en dos de ellos los propietarios de los inmuebles logran una participación en las ganancias obtenidas por los comerciantes, si estas se producen independientemente de si los locales están en centros comerciales o a pie de calle, lo cual hasta ese momento sólo se aplicaba en ciertos centros comerciales (y ferias de comida rápida), pero no para el resto de los locales ubicados en otras zonas de la ciudad. Se impone de esta manera una modalidad que era privativa de un segmento a toda la actividad comercial. Hasta entonces las ganancias comerciales eran una fracción de las del capital productivo, que las cedía a quienes se encargaban de la fase de circulación en su período de venta (*Cf.* Jaramillo, 2009), pero ahora una cuota parte de ellas las deben entregar a los propietarios inmobiliarios sólo por permitir realizar la actividad comercial en una edificación de su propiedad.

Una normativa para el arrendamiento comercial es necesaria, pero cuando la misma no es sensible a la variedad y sólo mira una parte, como parece ser el caso de esta Ley, puede ser contraproducente. Su efecto podría ser deteriorar o destruir un segmento del tejido comercial que atiende a una parte significativa de la población (la mitad o más), o establecer unos costos que antes que estimular la oferta la depriman. Si esto ocurre no sólo se afectan a los empresarios, no únicamente a los de mayor dimensión, sino al universo más amplio de pequeños y medianos empresarios y emprendedores que en la actividad comercial son de una importancia innegable, y por tanto a los consumidores, interesados obviamente que la normativa que se establezca sea beneficiosa para todos.

Junto a la explicación del contenido de la Ley sobre arrendamiento comercial y los procedimientos que implica, esta obra hace una lectura crítica que apunta a poner en evidencia la necesidad de reflejar los intereses de todas las partes involucradas, si se quiere que la legislación tenga un efecto positivo en la sociedad como un todo, y en este caso sobre la actividad comercial, la economía urbana y el ciudadano.

REFERENCIAS BIBLIOGRÁFICAS:

AMAYA, Carlos. "Rol de las centros comerciales en la organización espacial de las principales aglomeraciones urbanas de Venezuela", *Revista Geográfica Venezolana*, Vol. 50, N° 2, 2009.

GÓMEZ DE LLARENA, Carlos et. al. "Encuentro con los arquitectos Carlos Gómez de Llarena, Oscar Capiello y Francisco Pimentel": *La ciudad del sol*, N° 1, Museo Nacional de Arquitectura, Caracas, 2010.

JARAMILLO, Samuel. *Hacia una teoría de la renta del suelo urbano*, CEDE, Facultad de Economía, Universidad de Los Andes, 2ª, Bogotá, 2009.

LOVERA, Alberto. "Radiografía de la industria de la construcción. El ciclo del capital", *EBUC*, UCV, Caracas, 2011.

Museo Nacional de Arquitectura. *La ciudad del sol*, N° 1, Caracas, 2010.

PINZANI, Antonio. "Centro Comercial Chacaíto. Caracas (Venezuela): Informes de la Construcción, Vol. 24, N° 234, 1971.

VERA, Leonardo. "Macro políticas, gobernanza petrolera y desempeño económico". Presentación en el 76° Aniversario de la Escuela de Economía, *FACES*, UCV, Caracas, 2014.

INTRODUCCIÓN:
SITUACIÓN LEGAL ACTUAL DEL ARRENDAMIENTO EN VENEZUELA

El 29 de noviembre de 2013, el Presidente de la República dictó el Decreto 602 que se hizo famoso inmediatamente porque congeló los alquileres de los locales comerciales a un máximo de Bs. 250 por metro cuadrado y los condominios a un máximo del 25% del arrendamiento. Rápidamente los comerciantes adaptaron sus alquileres a este nuevo monto que en la mayor parte de los locales significaba una disminución de más del 50% del alquiler mensual que venían pagando, y del condominio que debían pagar.

Los comerciantes enseguida pensaron que esa congelación iba a durar por años, como duró más de diez años la congelación de los alquileres de las viviendas.

Pero, ¡oh! Gran decepción! la congelación no duró ni seis meses porque el 23 de mayo de 2014 salió, por vía de la ley habilitante, la nueva legislación que regula los arrendamientos de los locales comerciales que revierte la situación , en algunos casos a las mismas condiciones de los alquileres anteriores a la congelación y en otros empeora la condición de los comerciantes porque los somete a un régimen de alquileres comerciales muy favorable para el arrendador, rentas calculadas sobre la base de costos de reposición de los inmuebles, y no solamente para los locales dentro de centros comerciales, sino para todos los locales comerciales, incluidos los que durante muchos años, desde 1960, tenían rentas reguladas por el Poder Ejecutivo.

Antes del Decreto 602 al cual me referí en el párrafo anterior, la situación de los alquileres inmobiliarios comerciales era heterogénea, debido a que convivían varios regímenes diferentes para cada alquiler, aunque solamente los alquileres fijos estaban previstos en la ley.

Por una parte estaban los locales comerciales que denominaremos "a pie de calle" construidos antes de 1987 cuyos cánones de arrendamiento estaban sometidos a regulación por parte de la Dirección de Inquilinato del Ministerio de Fomento que después pasó a estar adscrita al Ministerio de Vivienda y Hábitat. Otros locales construidos después de 1987 que no estaban regidos por regulación, en los cuales se negociaba el monto fijo del alquiler anualmente, con vista en los índices inflacionarios, que permitía incrementos sustantivos del canon, pero en definitiva quedaban fijos por todo el período anual, aún en años en que la inflación castigaba los precios de los bienes con bastante severidad. Los otros locales, que en su mayoría están ubicados dentro de centros comerciales, se estaban negociando entre arrendadores y arrendatarios alquileres fijos en algunas ocasiones, pero cada vez con mayor frecuencia se había importado de los Estados Unidos de América, el formato de alquileres típico de las franquicias, en el cual el inquilino debía pagar una suma mensual fija revisable anual o semestralmente y también pagar un porcentaje sobre sus ventas brutas, e incluso debía pagar a su franquiciante un royalty por el derecho a explotar un determinado ramo comercial, a lo cual se suma la obligación de pagar cuotas de condominio administradas exclusivamente por el arrendador que generalmente es el promotor o arrendador de la totalidad del centro comercial.

Así pues, que la Ley de Arrendamientos Inmobiliarios promulgada en 1999 y que era la norma aplicable a los comercios, había sido sobrepasada y hasta ignorada por la realidad y se había instalado una suerte de anarquía en los arrendamientos comerciales.

Con esta introducción ilustrativa de la realidad arrendaticia comercial que existía antes del Decreto 602, se imponía dictar una legislación que regulara nuevas situaciones que eran inexistentes en Venezuela para 1999, y podemos comprender los cambios significativos que debían introducirse para dar un marco regulatorio a una realidad que desbordaba la ley vigente en ese momento, donde un mercado inmobiliario arrendaticio comercial desquiciado amenazaba convertirse en abusiva para todos los actores. Que la nueva ley haya logrado o no poner orden en esta selva del arrendamiento comercial, lo observaremos a medida que estudiemos esta novedosa ley y podremos comprender los cambios drásticos que ha sufrido este tipo de contratación en nuestro país. Con este somero panorama abordamos de lleno nuestro tema.

Cuatro leyes para un solo contrato

La materia de arrendamientos urbanos en Venezuela está actualmente regida por cuatro leyes:

1ª) El alquiler de viviendas por la Ley para la Regularización y Control de los Arrendamientos de Vivienda publicada en *Gaceta*

Oficial N° 6.053 extraordinario el 12 de noviembre de 2011 y la Ley contra el Desalojo y la Desocupación Arbitraria de Viviendas publicada en la Gaceta Oficial 39.668 el 6 de mayo de 2011;

2ª) El alquiler de los locales de uso comercial por la Ley de Regulación del Arrendamiento Inmobiliario para uso Comercial publicada en *Gaceta* N° 40.418 el 23 de mayo de 2014; y

3ª) Las oficinas, inmuebles industriales, galpones, educacionales, consultorios médicos y otros usos por la Ley de Arrendamientos Inmobiliarios publicada en *Gaceta* N° 36.845 del 7 de diciembre de 1999.

En resumen, la aplicabilidad de una u otra de estas leyes que rigen los arrendamientos, depende exclusivamente de la determinación del uso que se le da al inmueble, lo cual no siempre es sencillo ni claro porque hay muchos inmuebles que dentro de un mismo ambiente desarrollan actividades de diversa naturaleza, o arrendatarios que alquilan para utilizar el inmueble para una finalidad y luego la cambian para un uso que les permita la aplicación de una legislación que ellos consideren más favorable a sus intereses.

Así pues se ha elegido un criterio muy frágil para discriminar cual es la ley que se aplicará a un contrato y es el criterio del uso que en definitiva queda bajo la decisión de una sola de las partes, ya que es el arrendatario quien puede decidir cambiar el uso que da al inmueble que le ha sido arrendado y así migrar de una ley a otra.

Se puede pensar que si el contrato establece un uso, el inquilino tiene que mantenerse en ese uso porque de cambiar el uso estaría incumpliendo su contrato, pero en la práctica eso no es tan sencillo y paso a explicarlo. Si se arrienda una oficina y el inquilino lo convierte en una vivienda, es cierto que el arrendador podría acudir a la vía judicial para exigir la resolución del contrato, pero como se trata *de facto* de una vivienda, primero tendría que transitar el procedimiento administrativo conciliatorio previo ante la Superintendencia Nacional de Arrendamiento de Vivienda (SUNAVI), en el cual debe documentar el cambio de uso a fin de que el organismo administrativo le "habilite" para acceder a la vía judicial, donde nuevamente tendrá una audiencia conciliatoria y luego propiamente el proceso judicial en todas sus fases. Al concluir ese juicio, si la sentencia favorece al arrendador por haberse violado el contrato al cambiar el uso del inmueble, el arrendador lógicamente aspira rescatar la posesión de su inmueble, pero, como se trata de una vivienda, deberá esperar a que se le asigne un refugio o una vivienda definitiva al arrendatario y su familia y eso puede tardar meses y hasta años.

Otro caso sería el de un arrendador que alquila un local para comercio y el arrendatario lo convierte en una oficina, una escuela, un consultorio o una pequeña industria, perjudicando de esa forma las expectativas de rentabilidad del arrendador cuya única alternativa es la del litigio judicial y la demostración del cambio arbitrario del uso del inmueble.

Así pues, este criterio que deja en las únicas manos de los arrendatarios su ubicación en el mapa de la aplicación de una ley de arrendamiento de vivienda, de oficina o de comercio es discriminatorio para el arrendador que poco o nada puede hacer ante el cambio de uso que decida el inquilino en su solo beneficio y en perjuicio de su arrendador.

A esto hay que agregar que cada una de esas leyes fue redactada bajo la inspiración de filosofías completamente diferentes e incluso en algunos casos contradictorias y con objetivos también diversos.

La ley que rige los arrendamientos de vivienda tiene por objetivo fundamental intervenir y controlar todos los aspectos y los actores de los contratos de alquiler de todos los espacios habitables sin excepción, desde el contenido mismo de los contratos, el monto del alquiler, la duración y finalización del contrato, la preferencia del arrendatario a comprar la vivienda que ocupa, el precio de venta al inquilino e incluso se han complementado sus normas mediante un Reglamento y varias Providencias que la hacen aún mas intervencionista y no deja resquicio alguno a la posibilidad de que existan convenios entre arrendador y arrendatario. También es pertinente señalar contra la creencia más extendida de que esta ley se aplica solamente a las viviendas modestas, apartamentos en general, que esto no es así, esta ley de arrendamiento de vivienda rige tanto a las humildes viviendas familiares, bifamiliares y multifamiliares como a las llamadas en Venezuela quintas o casas de lujo, aisladas rodeadas de jardines, cercados y hasta garitas de vigilancia y portería. En resumen es una ley solamente para las viviendas pero para todas las viviendas.

2ª) En cambio la Ley de arrendamientos de locales comerciales, tiene como finalidad viabilizar los arrendamientos de los locales comerciales, especialmente los situados dentro de centros comerciales dejando, al menos en la redacción de los artículos 7°, 14° y 32°, a la libre iniciativa de las partes la fijación del monto del alquiler y sus ajustes posteriores, mediante la aplicación de uno de los tres métodos que la propia ley contiene, y que nunca antes estuvieron previstos en ley de arrendamiento alguna en el país salvo el

24

alquiler fijo, que son: 1. Método del valor de reposición del inmueble arrendado, 2. Método del porcentaje de rentabilidad en base a las ventas brutas del negocio instalado en el local y 3. Método de fijación del alquiler mediante una mezcla de los dos sistemas anteriores, es decir un sistema mixto de renta fija más porcentaje variable. Los límites máximos y mínimos que establece son suficientemente amplios para que las partes puedan acordar la renta, los plazos e incluso cláusulas penales que pueden llegar a ser bastante severas.

Se puede afirmar con propiedad que esta es la ley de los centros comerciales, ya que su texto nada dispone sobre los locales comerciales situados fuera de esos centros, es decir los llamados locales *a pie de calle*, y sin embargo somete a estos locales a su normativa que resulta inadecuada para este tipo de inmueble de uso comercial que hasta la promulgación de esta nueva ley los locales comerciales construidos antes del 2 de enero de 1987 habían estado sometidos a regulación del monto de sus alquileres por parte del Ejecutivo Nacional por medio de la Dirección de Inquilinato, y ahora deberán, en un plazo de 6 meses a partir de la promulgación de esta ley (Disposición Transitoria Primera), ajustarse a nuevos parámetros de valores de los locales calculados con el método de "costo de reposición" del local (cuando hasta ahora se avaluaba el local con base en parámetros diferentes, equilibrados y si se quiere mas favorables al arrendatario) y consecuenciales ajustes al alza de los alquileres y eventualmente también verse forzados a negociar contratos que los obliguen a pagar porcentajes calculados sobre las ventas brutas de sus negocios, lo cual hasta ese momento no era lo usual sino que esta forma de cálculo de la rentabilidad se utilizaba únicamente en locales comerciales nuevos, en centros comerciales y en ferias de comida rápida.

Este es un cambio demasiado brusco que augura dificultades para estos locales *a pie de calle* y los negocios instalados en ellos, así como también puede inducir a subidas de los precios de las mercancías y servicios que ellos ofrecen al público.

3ª) Por exclusión o por omisión, en ambas leyes ya mencionadas, tanto de la ley de arrendamientos de vivienda como la de los locales de uso comercial, los inmuebles destinados a otros usos (oficinas, galpones, industriales, educacionales, clínicas, consultorios, etc.) continúan rigiéndose por la Ley de Arrendamientos Inmobiliarios de 1999, vigente desde el 1° de enero de 2000, ley que fue elaborada para instaurar el equilibrio contractual entre las partes, con intervención moderada del Estado solamente en la fijación del monto de los alquileres de los inmuebles construidos con anterioridad al 2 de enero de 1987, y dejando a la iniciativa de la autonomía de la voluntad de las partes la mayor parte del resto de las cláusulas contractuales, incluidos los acuerdos sobre ajustes anuales de los montos de los alquileres.

Lo ideal sería unificar todos esos textos en una sola ley de arrendamientos que comprenda todos los inmuebles urbanos y suburbanos, aunque se indiquen características diferenciadas para cada uso y tipo de inmueble.

Antecedentes de la legislación de arrendamientos comerciales

Desde la promulgación de la Ley de Regulación de Alquileres el 1° de agosto de 1960[1], las normas que habían regido los alquileres comerciales eran las mismas que se aplicaban a los alquileres de viviendas, oficinas, industrias y otros usos, es decir que había una sola legislación para todos los arrendamientos y todos los usos inmobiliarios, aunque existían varios textos legales vigentes simultáneamente, que eran el Decreto Legislativo sobre Desalojo de Vivienda[2] y el Reglamento[3] de ambos, es decir de la Ley y del Decreto legislativo, todas estas normas se aplicaban a todo tipo de alquileres urbanos y suburbanos sin distinción por su uso.

Posteriormente se unificó la legislación arrendaticia en un solo texto, la Ley de Arrendamientos Inmobiliarios[4], promulgada en 1999, vigente desde el 1° de enero de 2000 que también se aplicaba a todos los inmuebles fuera cual fuere su uso.

En el año 2011, fue promulgada una ley especial aplicable solamente a las viviendas que se denomina Ley para Regularización y Control de los Arrendamientos de Vivienda[5] y su Reglamento[6]. Esta ley en su numeral 5 del artículo 8 exceptúa de su aplicación a varios tipos de inmuebles y específicamente a "los destinados a funcionamiento o desarrollo de actividades comerciales…" A partir de esa fecha los locales comerciales se continuaron rigiendo por la Ley de Arrendamientos Inmobiliarios de 1999.

---

[1] *Gaceta Oficial* 26.319 del 1° de agosto de 1960 y su modificación mediante Decreto N° 515 del Presidente de la República del 15 de marzo de 1966, *Gaceta Oficial* 27.988

[2] Del 27 de septiembre de 1947

[3] *Gaceta Oficial* 638 extraordinario del 15 de septiembre de 1960 y su modificación *Gaceta Oficial* 29.727 del 5 de febrero de 1972.

[4] *Gaceta Oficial* 36.845 del 7 de diciembre de 1999.

[5] *Gaceta Oficial* 6.053 extraordinario del 12 de noviembre de 2011.

[6] *Gaceta Oficial* 39.799 del 14 de noviembre de 2011.

Esta situación legal vino a ser alterada por el Decreto del Presidente de la República N° 602 del 29 de noviembre de 2013[7], el cual estableció un

"régimen transitorio de protección a los arrendatarios de inmuebles destinados a actividades comerciales, industriales o de producción, regulado en el presente Decreto, hasta tanto se dicte un régimen definitivo, justo y equitativo..."

Mediante el cual fijó como límite máximo del monto mensual del canon de arrendamiento, la suma de DOSCIENTOS CINCUENTA BOLÍVARES por metro cuadrado (Bs. 250/m²). Los cánones superiores a esta cantidad quedaban automáticamente regulados y reducidos a esta suma y los que eran inferiores se mantendrían en los montos acordados en los contratos.

Este decreto también intervino en los montos que debían pagar los arrendatarios por concepto de condominio, el cual no podía exceder del VEINTICINCO POR CIENTO (25%) del precio del canon de arrendamiento, lo cual significaba un máximo de SESENTA Y DOS BOLÍVARES CON CINCUENTA CÉNTIMOS (Bs. 62,50) por metro cuadrado por concepto de condominio, para un máximo total, sumado el alquiler y el condominio mensuales de TRESCIENTOS DOCE BOLÍVARES CON CINCUENTA CÉNTIMOS (Bs. 312,50) por metro cuadrado.

Como puede observarse este Decreto regula y congela los cánones de arrendamiento, por el tiempo de su propia vigencia, y hasta tanto se dicte una ley que sea aplicable a los inmuebles no habitacionales, es decir, los locales comerciales, oficinas, industrias, educacionales, consultorios médicos, etc. pero el resto de los aspectos del contrato de arrendamiento se mantenían sometidos a la aplicación de la Ley de Arrendamientos Inmobiliarios de 1999.

Mas claramente: los alquileres de vivienda se rigen por su ley especial de Regularización y Control para los Arrendamientos de Vivienda, y el resto de los arrendamientos (comercios, oficinas, industrias, médicos, educacionales, etc.) debían ajustarse de inmediato al Decreto 602 mientras este permaneciera vigente.

Al promulgarse la nueva Ley de Arrendamientos Inmobiliarios de uso comercial, esta solamente se aplica a los locales comerciales, y el Decreto 602 que abarcó inmuebles destinados a otros usos, no continuó vigente para ningún inmueble, es decir para los locales ni

---

[7]   *Gaceta Oficial* 40.305 del 29 de noviembre de 2013.

para las oficinas, educacionales, industriales, etc. que los había comprendido, es decir, fue derogado para todos los inmuebles cuyos alquileres y condominios originalmente congeló.

I. LEY DE ARRENDAMIENTOS COMERCIALES NORMAS GENERALES (ART. 1 AL 5)

Fue el 23 de mayo de 2014, casi seis meses mas tarde del Decreto 602 que congeló los alquileres comerciales y de otros usos, al cual nos hemos referido, por vía de la ley habilitante conferida por la Asamblea Nacional al Presidente de la República, Nicolás Maduro[8] que se promulgó el Decreto con Rango, Valor y Fuerza de Ley de Regulación del Arrendamiento Inmobiliario para el uso Comercial[9].

Esta ley incluye diez capítulos con un total de 44 artículos, seis disposiciones transitorias, dos derogatorias y una disposición final.

Esta nueva ley está dirigida únicamente a normar los arriendos de locales comerciales, sea un local independiente, forme parte de un inmueble mayor o esté anexado a otro y deja los inmuebles de uso industrial, de oficinas, médicos, asistenciales, educacionales, fincas rurales y terrenos sin construir y de otros usos bajo la aplicación de la misma ley que les correspondía hasta esa fecha, es decir la Ley de Arrendamientos Inmobiliarios de 1999, y, como quedó ya señalado, desde noviembre de 2011 las viviendas arrendadas tienen su propia ley especial por la cual se rigen.

Una enumeración de los usos de inmuebles sometidos a esta nueva ley sería (Art. 2):

- Locales comerciales situados dentro de centros comerciales.
- Quioscos o stands
- Locales comerciales que formen parte de edificaciones destinadas a vivienda o a oficinas
- Locales comerciales dentro de centros de salud (que no sean consultorios médicos, laboratorios ni quirófanos, ni de uso educacional)
- Locales comerciales dentro de edificaciones de carácter turístico
- Locales que formen parte de galpones (que no sean depósitos)

---

[8] Ley Habilitante publicada en la *Gaceta Oficial* 6.112 extraordinario del 19 de noviembre de 2013.

[9] Que en lo sucesivo denominaré Ley de Arrendamiento Comercial (LAC).

- Locales comerciales que formen parte de un estacionamiento, aunque propiamente los estacionamientos no están sometidos a esta ley.

- Locales comerciales *a pie de calle*.

Ahora bien, para llegar a esta conclusión que parece tan sencilla y que consiste en determinar a cuales inmuebles se aplica esta ley y a cuales no se le aplica, hubo que transitar por el aparte único del artículo 2° de la Ley de arrendamiento comercial que aunque pareciera evidente que el objeto de la ley son todos y solamente los locales comerciales y así lo señala un párrafo de la exposición de motivos de la ley cuando dice: "...El presente Decreto Ley establece las condiciones y procedimientos para regular y controlar la relación entre arrendadores y arrendatarios para el arrendamiento de inmuebles destinados al uso comercial", sin embargo la redacción de este aparte único del artículo 2° de la ley es tan confusa que motiva el siguiente comentario especial.

¿Por que insisto en lo evidente? Por que en el artículo 1° de esta misma ley dice que ella está dirigida al arrendamiento "de inmuebles destinados al uso comercial." Pero el 2° artículo dice que se entenderá por "inmuebles destinados al uso comercial", aquellos en los cuales se desempeñen actividades comerciales o de prestación de servicios como parte del giro ordinario del establecimiento que allí funciona..." Con esta aclaratoria la ley lo que hace es confundir, ya que es cierto que puede haber la prestación de servicios de carácter comercial (ej. Peluquería, reparación de relojes, etc.), sin embargo la prestación de servicios se puede desarrollar desde un local destinado a vivienda, a oficina y también en forma virtual (ej. Asistencia técnica para el uso de software, servicios contables, etc.). En cambio el comercio al detal o al mayor en locales incluidos dentro de centros comerciales, que son el objetivo principal de esta ley, son mas fáciles de identificar, aunque debo señalar que el comercio también se puede ejercer desde viviendas, oficinas y en forma electrónica.

El aparte del artículo 2° de la ley es totalmente confuso y para poder comprenderlo hay que hacer algo parecido a una disección, es decir, ir separando palabras, expresiones y oraciones para poderlo interpretar adecuadamente y aún al riesgo de dejar la confusión en pie, lo copio textualmente:

"Se presumirá, salvo prueba en contrario, que constituyen inmuebles destinados al uso comercial los locales ubicados en centros comerciales, en edificaciones de viviendas u oficinas, o en edificaciones con fines turísticos, de uso médico asistencial distintos a consultorios, laboratorios o quirófanos, o educacional, así como los que formaren parte, sin ser solo depósitos, de un galpón o estacionamiento. Se presumirán además inmuebles destinados al uso comercial los quioscos, stands, y establecimientos similares, aun cuando éstos no se encuentren unidos de manera permanente al inmueble donde funcionan o se ubiquen en áreas de dominio público".

La primera parte señala que se presumen inmuebles de uso comercial los ubicados en centros comerciales, incluidos los quioscos o stand aunque sean instalaciones provisionales o estacionales, hasta allí todo queda claro. No sabemos si cuando esto se redactó se consideró la aplicación de esta ley a los quioscos o "puestos" instalados en aceras de las ciudades, pero al ejercerse allí una actividad comercial debe aplicársele la ley de arrendamiento de uso comercial, aunque en la mayor parte de estos casos, los quioscos, es decir la estructura metálica y de otros materiales, es propiedad del "quiosquero" y solamente pagan a la alcaldía que corresponda el impuesto municipal por actividades comerciales o patente municipal.

Luego agrega los ubicados en edificaciones de viviendas u oficinas, con lo cual en realidad quiso decir que se consideran comerciales los locales destinados a este uso aunque estén situados dentro de edificaciones habitacionales, de oficinas, turísticos, de uso médico asistencial (ambulatorios, hospitales, clínicas y afines que no son considerados de uso comercial), solamente se considerarán comerciales los locales destinados al comercio que estén dentro de estos centros de salud, en contraste con los consultorios que parecería que sí quedan dentro de la categoría de no-comerciales, aunque no está claro en el texto legal, es evidente que los médicos que practican su profesión en esos espacios no ejercen el comercio sino una profesión de carácter asistencial de salud y que el sentido común nos lleva a excluirlos del uso comercial.

Hubiera sido mucho mas sencillo y claro señalar que serán considerados de uso comercial todos los inmuebles donde se ejerzan actividades comerciales, independientemente de que estén anexos a edificaciones destinados a otros usos, como los turísticos, de oficina, habitacionales, asistenciales, depósitos, galpones, consultorios médicos, estacionamientos o cualesquiera otras.

En mi opinión la ley debe aplicarse solamente a locales comerciales donde se ejerza el comercio al mayor o al detal, dentro de centros comerciales o fuera de ellos. No es aplicable a locales de oficina, y otro motivo para hacer esta afirmación se sustenta en el artículo 4° de la ley que señala las exclusiones entre las cuales indica viviendas, oficinas, industrias, pensiones, habitaciones, residencias estudiantiles, turísticos, vacacionales, fincas rurales y terrenos sin construcción. También se pueden sustentar estas afirmaciones en la Primera Disposición derogatoria que ordena la "desaplicación" de esta ley a los inmuebles que no regula esta Ley de arrendamientos de uso comercial, con lo cual está señalando que al resto de los usos inmobiliarios debe aplicarse la Ley de Arrendamientos Inmobiliarios de 1999.

Por otra parte la ley excluye expresamente de su aplicación a los siguientes inmuebles (Art. 4):

- Inmuebles de uso no comercial

- Viviendas, habitaciones, pensiones, residencias estudiantiles, es decir espacios habitables.

- Alojamientos turísticos (posadas y hoteles)

- Oficinas

- Industrias

- Depósitos

- Fincas rurales

- Terrenos no edificados.

CUADRO RESUMEN DE LOS INMUEBLES COMERCIALES A LOS QUE SE APLICA LA LEY Y LOS NO COMERCIALES

Inmuebles comerciales	Inmuebles no comerciales
Locales en centros comerciales	Oficinas
Locales comerciales en edificios de vivienda	Médico asistenciales
Locales comerciales en edificios de oficina	Laboratorios y quirófanos
Locales comerciales en edificaciones turísticas	Depósitos
Locales comerciales dentro de galpones	Consultorios
Locales comerciales dentro de estacionamientos	Estacionamientos
Locales comerciales "*a pie de calle*"	Galpones
Kioskos y stands	Educaciones
	Fincas rurales
	Terrenos sin construcción
	Viviendas

Al excluir de la aplicación de esta ley a las viviendas y en general espacios habitables está reiterando la vigencia y aplicación de la Ley para la Regularización y Control de los Arrendamientos de Vivienda para este tipo de inmuebles arrendados.

Por otra parte, al exceptuar a las oficinas, industrias, consultorios médicos, laboratorios, quirófanos, educacionales, industrial, estacionamientos, depósitos y en general a los destinados a otros usos que no son habitacionales ni comerciales, quedan todos estos, bajo la regencia de la Ley de Arrendamientos Inmobiliarios de 1999, vigente desde el 1° de enero de 2000.

Como un caso peculiar debo señalar a los terrenos sin construcciones o apenas con precarias instalaciones de materiales de desecho o perecederos y destinados al negocio de estacionamiento. En estos casos ¿como se calculará la renta arrendaticia cuando la ley de usos comerciales los excluye y la Ley de arrendamientos inmobiliarios de 1999 también los excluye? En mi opinión, estos arrendamientos deben regirse por la normativa contenida en el Código Civil, fijar el canon de arrendamiento en base al acuerdo entre las partes, así como los plazos de los contratos y sus prórrogas.

Un caso diferente sería el de terrenos sin construcciones destinados a depósito, en que sí deberá aplicarse la Ley de Arrendamientos Inmobiliarios de 1999.

Es decir, que para un solo contrato, el contrato de arrendamiento, hay vigentes cuatro leyes, que se aplican según sea el uso al cual está destinado el inmueble, a saber:

PRINCIPALES LEYES VIGENTES QUE INCIDEN ACTUALMENTE EN EL ARRENDAMIENTO:

Código Civil[10] (especialmente los artículos 1579 al 1617).

Ley de Arrendamientos Inmobiliarios de 1999

Decreto con Rango, Valor y Fuerza de Ley contra el Desalojo y la Desocupación Arbitraria de Viviendas[11]

Ley para la Regularización y Control de los Arrendamientos de Vivienda

Reglamento de la Ley para la Regularización y Control de los Arrendamientos de Vivienda

Decreto con Rango, valor y fuerza de ley de regulación del arrendamiento inmobiliario para el uso comercial[12]

Decreto con Rango, Valor y Fuerza de Ley Orgánica de Precios Justos[13]

Leyes que rigen los arrendamientos comerciales:

El **Código Civil** contiene en su artículo 1.579 la definición de arrendamiento en estos términos:

"El arrendamiento es un contrato por el cual una de las partes contratantes se obliga a hacer gozar a la otra de una cosa mueble o inmueble, por cierto tiempo y mediante un precio determinado que ésta se obliga a pagar a aquella."

---

[10]   *Gaceta Oficial* 2.990 extraordinario del 26 de Julio de 1982.

[11]   *Gaceta Oficial* 39.688 del 6 de Mayo de 2011.

[12]   Hay quienes incluyen la Ley Orgánica de Precios Justos por contener algunas disposiciones aplicables a los locales comerciales.

[13]   *Gaceta Oficial* 40.340 del 23 de enero de 2014.

De seguidas y hasta el artículo 1618 el Código Civil contiene las disposiciones básicas de todo arrendamiento, las cuales en general se encuentran vigentes salvo las que contradicen abiertamente el articulado de las nuevas leyes que rigen los diversos tipos de arrendamiento.

Ley de Precios Justos

Esta ley contiene específicamente dos disposiciones que se refieren a los arrendamientos comerciales:

Artículo 11, que señala las atribuciones de la Superintendencia Nacional para la Defensa de los Derechos Socio Económicos (SUNDDE) en su numeral 20, indica que este organismo debe fijar los criterios para establecer los cánones de arrendamiento justos de los locales comerciales.

En el artículo 15, atribuye a la Intendencia de Costos, Ganancias y Precios Justos la fijación de los márgenes máximos de los cánones de arrendamiento de los locales comerciales, es decir, que esta Intendencia deberá señalar el margen de ganancia que se le permite tener al arrendador sobre el local que arrienda.

Estas dos disposiciones obedecen a una lógica incontrovertible, es decir, que si con esta Ley Orgánica de Precios Justos se pretende fijar los precios de todos los artículos y servicios que se encuentran en el mercado de intercambio comercial, es coherente que también se ocupe de fijar los cánones de alquiler que tienen una incidencia directa en el precio de venta de las mercancías y servicios ofrecidos a los usuarios y consumidores finales en los locales comerciales.

Ahora bien, hay que hacer la tarea de ensamblar estas dos disposiciones de la Ley de Precios Justos, con la Ley de regulación de arrendamientos de inmuebles de uso comercial, lo cual no siempre el sencillo porque cada una de estas dos leyes persigue, aparentemente, fines distintos. En nuestra opinión, la de precios justos busca controlar todos los elementos que conforman la cadena de costos que debe arrojar el precio final de las mercancías, en cambio la de Regulación de arrendamientos comerciales pretende alcanzar la mayor rentabilidad posible de estos inmuebles, e incluso da un paso mas en el sentido que en los contratos en los que el arrendador percibe como alquiler un porcentaje de las ventas brutas, prácticamente el arrendador se hace socio del negocio instalado por su arrendatario.

Ley de Arrendamientos Inmobiliarios: también debe aplicarse este texto legal a los aspectos de la legislación para usos comerciales que no estén previstos expresamente en la ley especial, para cubrir lagunas u omisiones y para interpretar algunas normas, ya que la esta ley puede considerarse general dentro de la especialidad arrendaticia.

LEYES QUE RIGEN EL ARRENDAMIENTO COMERCIAL

- Código Civil

- Ley de Arrendamientos Inmobiliarios

- Ley de Arrendamiento Inmobiliario de uso Comercial

- Reglamento de esta ley (cuando se dicte)

- Resoluciones del Ministerio con competencia en el ámbito comercial, la Unidad especializada y de la SUNDDE

- Acuerdos entre las partes

- En general disposiciones específicas de rango sublegal

Ley de Arrendamientos Comerciales

El artículo 6 de la Ley de Arrendamientos Comerciales, define la relación arrendaticia de los inmuebles de uso comercial de esta forma:

"La relación arrendaticia es el vínculo de carácter convencional que se establece entre el arrendador del inmueble destinado al comercio, en su carácter de propietario, administrador o gestor del mismo, y el arrendatario, quien toma dicho inmueble en arrendamiento para ejecutar en él actividades de naturaleza comercial, generen éstas lucro, o no."

Como puede observarse esta definición es complementaria a la del Código Civil, ya que este define el contrato de alquiler en general como un contrato bilateral con obligaciones para ambas partes, y por su parte la de la ley define solamente el arriendo comercial en función de la actividad que se desarrolla en el inmueble.

En el mismo artículo 6 de la ley, se establece el orden de prioridades con que deberán aplicarse los diversos textos legales, reglamentarios, sub-legales y contractuales que rigen el arrendamiento comercial, de la forma siguiente:

1. La Ley de Arrendamiento Comercial

2. Los reglamentos que desarrollen la ley, que deberán ser dictados por el Ministerio con competencia en el área de comercio o por la Superintendencia Nacional para la Defensa de los Derechos Socio Económicos (SUNDDE).

3. Otros instrumentos normativos de rango sublegal de carácter general que dicte Ministerio del ramo comercial.

4. Los contratos celebrados de mutuo acuerdo entre las partes y le resta validez a los contratos de adhesión[14].

5. Seguidamente la ley valora los acuerdos concertados entre las partes, y señala que en caso de dudas o desacuerdos las partes podrán solicitar la intervención de la SUNDDE.

Merece una observación el tema de los contratos de adhesión ya que en la mayor parte de los centros comerciales se utilizan contratos pre-redactados en los cuales muy pocas cláusulas son diferenciadas como las que definen las partes, describen el inmueble, el objeto comercial a explotar, el monto del alquiler, la cuantía de la garantía y otras específicas, pero el cuerpo general del contrato es el mismo para todos los contratos y en ellos o en reglamentos anexos se determinan incluso los horarios de apertura y cierre de los comercios, el arreglo de las vitrinas, los avisos exteriores de cada negocio y otras características que homogenizan el uso del inmueble y de la explotación comercial. En estos casos creo que es inevitable la utilización de cláusulas contractuales iguales, lo que no impide la negociación entre las partes en lo relativo al método de cálculo y el monto del alquiler, el plazo del vigencia y algún otro aspecto que las partes decidan establecer.

Los artículos 8, 9,10, 11 y 12 repiten obligaciones de las partes que ya estaban en el Código Civil, como la obligación del arrendador de entregar el inmueble en buen estado y la del arrendatario de devolverlo igual, la de no causar daños maliciosos al inmueble y su deber de repararlos, que el arrendador debe garantizar el uso y goce pacífico del inmueble al arrendatario durante el tiempo de duración del contrato, que las reparaciones mayores deben ser avisadas al arrendador dentro de los tres días siguientes a su conocimiento por el arrendatario y aquel debe realizarlas, y que las mejoras para adecuar el local al negocio que se instalará son a cargo del arrendatario.

---

[14] Contratos pre-redactados, modelos impresos que se suscriben sin negociación previa sino que se deben aceptar sus cláusulas o no se firma el contrato.

Mención especial merece el artículo 3° de esta ley, ya que en Venezuela ha sido usual que ciertas legislaciones laborales, de arrendamiento o de otras temáticas de interés social sean declaradas de orden público. Una tendencia nueva se inauguró con el artículo 7° de la Ley de Arrendamientos Inmobiliarios de 1999, que dice:

"Los derechos que la presente Ley establece para beneficiar o proteger a los arrendatarios son irrenunciables. Será nula toda acción, acuerdo o estipulación que implique renuncia, disminución o menoscabo de estos derechos."

Esta misma fórmula fue adoptada por la nueva ley de Arrendamiento comercial en su artículo 3° que dice:

"Los derechos establecidos en este Decreto Ley son de carácter irrenunciable, por ende, todo acto, acuerdo o acción que implique renuncia, disminución o menoscabo de alguno de ellos, se considera nulo."

Con esta expresión se preservan los derechos, beneficios y privilegios que se conceden a las partes de cualquier contrato de alquiler comercial y en este caso no solamente se preservan los derechos de los arrendatarios sino también los del arrendador, sin que sea necesario declarar el texto completo como de orden público lo cual lo convertiría en un compendio rígido de derechos y deberes no negociables, lo cual en vista de la dinámica cambiante del comercio sería perjudicial.

Por lo tanto se puede afirmar que esta nueva ley de arriendos comerciales no hay un sujeto especialmente protegido, sino que ambas partes se pueden amparar en las disposiciones contenidas en ella sin que se considere que se violan derechos o beneficios de la parte arrendataria si se negocian cláusulas de contenido diferente a lo contemplado en ella, sin que sean contrarias a sus previsiones.

Una novedad (Art. 13) es la obligación del arrendador de proveer al arrendatario de un contrato escrito y autenticado, ya que hasta ahora el contrato de alquiler, como lo señala el Código Civil, es consensual, es decir no se requiere que esté formalizado en un documento escrito para que exista, podía ser verbal.

La ley exige que el contrato debe ser por escrito y agrega que debe ser también autenticado y esto en el ámbito comercial es lo usual ya que las autoridades municipales requieren el contrato otorgado ante notario para la tramitación y otorgamiento de la patente municipal de industria y comercio.

Se reitera la obligación (Art. 14) del arrendatario de pagar el canon de alquiler en el monto y oportunidad fijados en el contrato; sin embargo mas adelante el Art. 17 señala que el arrendatario no está obligado a pagar alquileres calculados de forma diferente a la establecida en esta ley, es decir que la ley incluye tres métodos y unos parámetros (que explicaremos mas adelante) para calcular el alquiler y ese arriendo calculado de esta forma es el único que el inquilino está obligado a pagar y no otro. Igualmente (Art. 15) se señala que el arrendatario no está obligado a pagar primas por cesión del contrato, traspaso del alquiler, lo que usualmente se ha denominado "venta del punto" o "llave" ni tampoco se puede condicionar la celebración del contrato a la compra de bienes que se encuentren dentro del local.

El artículo 16 de la ley contempla que el arrendatario incurrirá en violación del contrato si modifica el uso que se ha dado al inmueble en el contrato de arrendamiento, cambia el rubro comercial, la denominación o la marca, lo que simplemente parece como una violación contractual de derecho común. Sin embargo el arrendatario puede no limitarse al cambio del uso comercial pero dentro de la misma actividad mercantil, sino que pudiera cambiar el uso al de oficina o industria o incluso al destino habitacional, con lo cual la legislación aplicable sería otra y no la comercial. En mi opinión en este caso se da claramente el cambio de uso y como ese cambio constituye justamente la violación del contrato, debe aplicarse la legislación de arrendamiento comercial para resolver la controversia que se presenta y no la legislación para oficinas o viviendas que el arrendatario arbitrariamente y en violación de su contrato, pretende que se le aplique.

El artículo 18 de esta ley repite, aunque en términos diferentes, lo previsto en el artículo 20 de la Ley de Arrendamientos Inmobiliarios, en el sentido que el contenido y duración de la vigencia del contrato de arrendamiento no sufrirán cambio alguno en caso que el inmueble cambie de propietario o de arrendador en virtud de un cambio de administrador, quienes, tanto el nuevo propietario como el nuevo arrendador o administrador, deberán respetar el contrato en los mismos términos en que fue celebrado originalmente. Ahora bien, la innovación consiste en que esta nueva ley confiere al arrendatario el derecho, en este caso de cambio de propietario o de administrador, a manifestar por escrito su voluntad de dar por terminado el contrato como de plazo vencido, es decir, sin tener que pagar indemnización alguna al arrendador y dar por concluida la relación arrendaticia.

Esta norma, aparte de considerarla curiosa y yo diría que desconsiderada para el nuevo propietario o el nuevo arrendador, entiendo que confiere al arrendatario, y solo al arrendatario, la posibilidad de dar por concluido el plazo de su contrato en virtud de que el inmueble haya sido vendido a un tercero o haya habido un cambio de arrendador, pero esta ventaja está únicamente a cargo o en beneficio del inquilino y no puede ser forzado por la nueva parte del contrato a rescindirlo, y por el contrario este nuevo titular de la parte arrendadora está obligado a respetar el contrato en los mismos términos en que fue firmado.

II.   GARANTÍAS (ARTÍCULOS 19 AL 23)

El arrendador podrá exigir al arrendatario constituir garantía del cumplimiento de sus obligaciones mediante depósito en efectivo o constitución de fianza, ambas por un máximo del equivalente a tres meses del canon de arrendamiento. Si el alquiler se fija en base a un porcentaje de los ingresos brutos, las partes deberán acordar un estimado de tres meses de arrendamientos para poder fijar el monto de la garantía.

Si se constituye depósito el dinero deberá ser depositado en una cuenta bancaria exclusiva para ello, a nombre del arrendador, la cual producirá intereses en favor del arrendatario, salvo que al finalizar el contrato deban ser usados esos intereses acumulados para cubrir obligaciones aún pendientes de pago. Si el monto en efectivo del depósito no se deposita en una cuenta bancaria, el arrendador responderá por ella y por los intereses que hubiera producido si se hubiera depositado en cuenta bancaria.

Si se constituye fianza, después de devuelto el inmueble en las mismas condiciones en que le fue entregado al arrendatario, si quedaren obligaciones pendientes de pago, las partes podrán llegar a acuerdos acerca de la forma y oportunidad para pagarlas o se ejecutará la fianza hasta cubrir todas las obligaciones pendientes de pago y cumplimiento.

En ambos casos, pasados quince días continuos después de la desocupación, siempre que todas las obligaciones hayan sido cumplidas, o desde la fecha en que hayan quedado solventadas todas las obligaciones a cargo del arrendatario, deberá devolverse el depósito con sus intereses o liberarse la fianza, según sea el caso.

En caso que el arrendador no devuelva el depósito o no libere la fianza dentro del plazo señalado, comenzarán a correr intereses bancarios en su contra a la tasa activa más alta que señale el Banco Central de Venezuela. Si las obligaciones insolutas son responsabilidad del arrendatario, esos intereses correrán en favor del arrendador. En ambos casos, si persiste el desacuerdo entre las partes, podrán acudir ante la SUNDDE o a la vía jurisdiccional para dilucidar el conflicto, sin que el trámite administrativo sea obligatoriamente previo a la interposición de una demanda judicial (Art. 20).

Si el arrendatario se niega a desocupar, a pesar de haberse vencido el plazo del contrato y la prórroga legal, el arrendador tendrá derecho a percibir el precio diario del alquiler por cada día de retraso en la entrega, mas una cantidad adicional equivalente al cincuenta por ciento (50%) de ese monto hasta la restitución del inmueble, la suma total resultante podrá ser imputada a la garantía, es decir, deducida del depósito a devolver o imputada a la fianza. Aunque la ley no la denomina "cláusula penal" esta indemnización que no requiere la prueba de su causa ni del daño causado por el retraso en la desocupación y entrega del inmueble, es justamente eso, una cláusula penal que pretende resarcir al arrendador del daño que le ocasiona esta situación sin que tenga que demostrar la causa y el monto del daño económico ocasionado a su patrimonio.

III. LOS CONTRATOS (ARTÍCULOS 24 AL 26)

El artículo 24 de la Ley de Arrendamiento Comercial establece claramente la enumeración de los datos y demás contenidos obligatorios del contrato de arrendamiento comercial, además de lo señalado anteriormente que debe ser escrito y autenticado. Los requisitos son:

CONTENIDO DEL CONTRATO DE ARRENDAMIENTO

A) Identificación exhaustiva de las partes.

B) Especificaciones físicas del inmueble arrendado y del inmueble del cual forma parte, si fuera el caso (ubicación, área, características, servicios, inventario de bienes dentro del local, servicios con que cuenta, etc.)

C) Duración mínima de un (1) año, salvo que se arriende por temporada específica.

D) Valor de reposición del inmueble.

E) Monto del canon de arrendamiento y la modalidad elegida para su cálculo (Art. 32)

F) Cuenta corriente bancaria en la que depositará el arrendatario.

G) Obligaciones de cada una de las partes.

H) Tipo y alcance de la garantía.

I) Declarar su apego a la Ley de arrendamiento comercial.

Esta enumeración llama la atención debido a varios aspectos. Por una parte es normal que en un contrato se señalen las características y particularidades del inmueble que se arrienda y si hay muebles, vitrinas y equipos dentro del mismo, se indiquen pormenorizadamente en un inventario y hoy día en muchas oportunidades mediante constancia fotográfica del local y sus accesorios; ahora bien si el contrato contempla una rentabilidad basada en porcentaje sobre ventas brutas, no tiene sentido indicar el valor de reposición del inmueble ya que este valor no juega ningún papel en la fijación del monto del alquiler ni en esa contratación. El plazo del contrato también debería ser de libre decisión entre las partes, ya que se puede alquilar un espacio comercial por la temporada de navidad y año nuevo o por la época de vacaciones escolares o la de vuelta al colegio, por carnaval o semana santa, también se podría pactar un arriendo por nueve meses por conveniencia de las partes sin que se trate de una temporada específica y ello no debería estar limitado por la ley, ya que el comercio por sus propias características es flexible y así son usualmente los plazos de las contrataciones.

Por otra parte, que un contrato deba contemplar explícitamente su apego a la ley es definitivamente superfluo, ya que todas las contrataciones de cualquier tipo tienen, por imperativo mismo de las leyes, que estar cobijados bajo las disposiciones legales que les correspondan según su tipo, de no estarlo serían nulas o anulables según el tipo de cláusula de que se trate. Por ejemplo un contrato de arrendamiento comercial no requiere manifestar que se somete a la legislación tributaria pero de hecho está sometido a ella, específicamente al pago del impuesto al valor agregado (IVA) e igualmente a la retención que ordena la Ley de impuesto sobre la renta.

La ley no contiene previsiones acerca del arrendamiento de muebles y equipos junto con el local, por lo cual consideramos que según sea el texto del contrato, el arriendo de los muebles y equipos puede estar incluido en el alquiler fijado o puede hacer una contratación separada con una renta diferenciada de la del inmueble, lo cual no está prohibido por la ley, por lo tanto puede ser convenido entre las partes.

IV. DERECHO PREFERENTE DEL ARRENDATARIO A PERMANECER COMO TAL (ART. 25):

Esta ley concede al arrendatario dos derechos de preferencia; uno a permanecer dentro del inmueble como arrendatario aún después de vencido su contrato y la prórroga legal, si llena ciertas exigencias que se establecen en su texto y a los cuales nos referiremos de inmediato. Y otro derecho preferente a adquirir la propiedad del local sometido a otros requerimientos que también contiene la ley.

El derecho de preferencia a permanecer en el inmueble en su misma condición de inquilino, siempre que se cumplan ciertas condiciones especialmente señaladas en el artículo 25.

Condiciones para que se produzca el beneficio del derecho preferente para el inquilino:

1°) Que el inquilino esté solvente en el pago de los alquileres, el condominio y en el cumplimiento de todas sus obligaciones.

2°) Que haya vencido el plazo de la relación arrendaticia (plazo contractual y prórroga legal).

3°) Que el propietario pretenda mantener el inmueble arrendado y dedicado al mismo ramo comercial que explota el actual inquilino.

4°) Que el arrendatario esté dispuesto a asumir los ajustes del canon de arrendamiento que permite esta ley.

La primera de las condiciones ha sido habitual en las sucesivas legislaciones que han regido los arrendamientos y también la segunda, desde el año 2000 pues así lo señalaba la Ley de Arrendamientos Inmobiliarios en el aspecto de que el plazo se vencía cuando culminaba el término contractual más el de la prórroga legal que concede la propia ley.

También la cuarta condición estaba implícita en la ley mencionada, es decir, que el arrendatario durante la prórroga legal debía pagar el monto del alquiler pactado con sus ajustes o las alzas que correspondieran al Índice Nacional de Precios al Consumidor (INPC) señalado por el Banco Central de Venezuela, que ahora en esta nueva ley, es el índice que indique el mismo Banco en el rubro de "Bienes y servicios diversos".

El tercer requisito se refiere al propietario o arrendador no al arrendatario, ya que es aquel quien deberá decidir no continuar arrendando el inmueble o a estar dispuesto a arrendarlo para la explotación comercial de otro ramo diferente del que está siendo explotado por el arrendatario.

La ley de arrendamiento comercial a pesar de haber copiado la institución de la prórroga legal de la ley del año 2000 eliminó el artículo 39 de la Ley de Arrendamientos Inmobiliarios que señala que la "prórroga legal opera de pleno derecho...", sin embargo por la naturaleza misma de este mecanismo se debe aplicar la prórroga automáticamente una vez vencido el plazo fijo del contrato.

La ley dice textualmente:

"...si el propietario pretende mantener en condición de arrendamiento el inmueble, en el mismo rubro comercial..."

Visto desde la perspectiva del arrendatario, para que el tenga ese derecho preferente a continuar ocupando el inmueble en su misma condición de inquilino, el propietario debe tener la intención o pretender arrendar el inmueble a un tercero para que explote el mismo rubro comercial, ya que si quiere instalar un negocio de un ramo diferente del que explota el inquilino este, el arrendatario, no tendrá la preferencia para continuar en el inmueble.

El arrendatario tendrá derecho a quedarse, lógicamente, pagando los ajustes del alquiler pactados o previstos en la ley según sea el caso, solamente en el supuesto de que el propietario quiera beneficiar o favorecer a un tercero arrendándole el inmueble para explotar el mismo ramo comercial que viene trabajando en arrendatario. La ley no señala por cuanto tiempo el arrendatario ostenta ese derecho preferente a continuar en el inmueble como inquilino por lo cual consideramos que la preferencia es por tiempo indeterminado.

Lo que se persigue con esta norma es que el propietario al rescatar el inmueble no se lo arriende a un tercero que se aproveche del punto comercial que ha generado su arrendatario anterior y así hacerle competencia con un negocio semejante. Debo señalar que esta norma constituye una gran novedad nunca antes prevista en legislaciones anteriores en Venezuela.

También es conveniente aclarar que el derecho de preferencia del arrendatario no opera contra el propietario, es decir, que si el dueño del inmueble pretende la desocupación para instalar él mismo otro negocio del mismo o de otro rubro comercial, la preferencia no le puede ser opuesta.

Sin embargo, el arrendatario que desee defender su preferencia a permanecer en el inmueble tendría que iniciar un pleito judicial y demostrar las intenciones del propietario, lo cual es casi imposible, ya que en juicio no se pueden probar omisiones y menos aún intenciones de hacer o dejar de hacer tal o cual cosa, como tendría que lograr demostrar el inquilino, es decir demostrar que el propietario tiene la intención de montar en el local que el ha venido ocupando como arrendatario un negocio de su mismo ramo comercial es una prueba prácticamente imposible.

Así pues de poco o nada sirve esta innovación porque el arrendatario ante la posibilidad negada de demostrar las intenciones del arrendador, quien se cuidará muy bien de ocultarlas, hace inoperante esta posibilidad.

Por otra parte es importante señalar que si el arrendatario se hace acreedor a ese derecho de preferencia a permanecer en el local como inquilino, su contrato será por tiempo indeterminado, es decir, si vencimiento en el tiempo.

V.   PRÓRROGA LEGAL (ART. 26):

Esta nueva Ley de Arrendamiento Comercial contiene la misma institución y con los mismos plazos de la prórroga legal que ya fue institucionalizada en el artículo 38 de la Ley de Arrendamientos Inmobiliarios, con excelentes resultados que han redundado en certezas legales y prácticas tanto para arrendatarios como para arrendadores.

Ahora en el artículo 26 de la nueva ley de arrendamiento comercial establece la prórroga legal en estos términos: una vez vencido el contrato de arrendamiento a plazo fijo y según el tiempo que haya durado la relación arrendaticia, es decir, la suma del total de los plazos que el inquilino ha estado dentro del inmueble cumpliendo con todas sus obligaciones legales y contractuales, el inquilino tendrá derecho a optar por un plazo de prórroga legal obligatoria para el propietario y optativa para el inquilino, de los siguientes plazos:

Plazo de la relación legal	Prórroga
Plazo de 6 meses a 1 año	6 meses
Plazo de más de 1 hasta 5 años	1 año
Plazo entre 5 hasta 10 años	2 años
Mas de 10 años	3 años

Durante este plazo de prórroga legal, permanecerán vigentes todas las estipulaciones del contrato, y se podrá ajustar el canon de arrendamiento con base en lo convenido en el contrato o en una regulación, si esta existiere.

Llama la atención que hasta este punto de la ley, no se había hecho mención a una regulación y es ahora con motivo del establecimiento de la prórroga legal que se menciona, veremos más adelante como se resolvería algún conflicto que se presentara entre arrendador y arrendatario en razón del monto del canon de arrendamiento durante este período.

VI. LOS CÁNONES, SU PAGO Y SU FIJACIÓN (ARTÍCULOS 27 A 37)

Régimen de pago de los alquileres: La ley señala que los cánones de arrendamiento deberán ser pagados en una cuenta bancaria que estará a nombre del arrendador y debe estar indicada en el contrato de arrendamiento.

Si el arrendador cambia la cuenta bancaria, debe dar aviso al arrendatario con por lo menos quince (15) días de anticipación a la fecha en que debe realizarse el pago, y en caso que el arrendatario no pueda efectuar el pago por razones atribuibles al arrendador o a la entidad bancaria, podrá depositar en la cuenta que al efecto señalará el organismo competente en materia de arrendamiento de uso comercial.

Es necesario hacer varios comentarios a estas disposiciones que enumeraré para darle mejor comprensión al tema:

a. Los arrendatarios de locales comerciales, además del alquiler tienen la obligación legal de pagar o retener, según el tipo fiscal de empresa de que se trate (contribuyente o contribuyente especial) el impuesto al valor agregado (IVA), el cual debe ser a su vez pagado (enterado) al Fisco Nacional por el arrendador que lo recibe o por el arrendatario que lo retiene. Mas de un arrendatario se resiste a pagar ese impuesto y podría depositar en la cuenta bancaria destinada al pago del alquiler, solamente el monto del canon arrendaticio, caso en el cual el arrendador tendría que pagar el IVA que legalmente corresponde pagarlo al arrendatario y el arrendador tendrá derecho a reclamar al arrendatario el reembolso del impuesto, lo cual complica el proceso de pago, o el arrendador podría demandar por falta de pago, ya que el pago realizado por el arrendatario en este caso estaría incompleto y el arrendador no está obligado a aceptarlo.

b. El arrendatario puede realizar depósitos en la cuenta destinada a ese fin y esos pagos pueden no ser puntuales, es decir, ser extemporáneos porque no han sido efectuados dentro del plazo que fija el contrato o pueden ser pagos incompletos o pueden no incluir el monto del IVA, o puede no haber realizado la retención del impuesto sobre la renta, y esto queda fuera del control del arrendador ya que tendrá que estar revisando constantemente los depósitos y los saldos disponibles de esa cuenta para saber si le fue pagado oportuna e íntegramente el monto del alquiler y del impuesto para proceder a emitir la factura fiscal correspondiente. Si el arrendador emite la factura antes de recibir el pago queda legalmente obligado a pagar el IVA aunque el inquilino no le haya pagado el alquiler junto con el importe correspondiente a ese impuesto, lo cual significa una carga fiscal del arrendador que no le corresponde, pero por haber emitido la factura está obligado a pagar ese impuesto.

Como puede observarse la rigidez e inconveniencia de los pagos en cuenta bancaria es evidente, y esta ley no menciona la posibilidad de que arrendador y arrendatario acuerden otra forma de pago que flexibilice esta normativa, sin embargo en muchos los casos los arrendatarios hacen el pago directamente al arrendador y obtienen de inmediato la factura fiscal correspondiente y no se puede considerar que estos pagos directos sean ilegales, puesto que ambas partes cumplen con sus respectivas cargas y el Fisco Nacional también se asegura el pago efectivo e inmediato del impuesto.

c. El Tribunal Supremo de Justicia, a raíz del cierre en abril de 2012, del Juzgado 25° de Municipio del Área Metropolitana de Caracas que era el único en esta circunscripción que podía recibir consignaciones de alquileres de todo tipo de inmuebles (excluidas las viviendas a partir de noviembre de 2011), abrió una Oficina de Control de Consignaciones de Arrendamientos Inmobiliarios (OCCAI) que ha venido funcionando en el edificio donde están actualmente tribunales de municipio y agrarios del Área Metropolitana de Caracas en la Urbanización Los Cortijos de Lourdes, Municipio Sucre del Estado Miranda. Hasta el momento de elaborar este trabajo, no se sabe si le fueron transferidos a esta oficina los montos de los alquileres comerciales que habían sido consignados en el Juzgado 25° de Municipio, y cual será la tramitación necesaria para que los arrendadores puedan retirar los alquileres comerciales y de otros usos que permanecían en las cuentas de ese juzgado, y, por otra parte, la Unidad destinada a la atención de los Arrendamientos de Uso Comercial creada por el Ministerio del Poder Popular para el Comercio[15], no ha establecido una cuenta bancaria donde se puedan depositar los alquileres que no hayan podido ser depositados en cuentas abiertas al efecto por los arrendadores, como lo prevé la ley (Art. 27), por lo tanto los

---

[15]   Resolución 057-14 publicada en la *Gaceta Oficial de la República Bolivariana de Venezuela* N° 40.472 del 11 de agosto de 2014.

arrendatarios a quienes no se le reciban los alquileres comerciales no tienen a quien acudir ni donde consignar las sumas de dinero que están obligados a pagar.

d. Por otra parte, el artículo 28 de la ley señala que si transcurren dos años sin que el arrendador solicite el retiro de las cantidades de dinero depositadas en esa cuenta especial del organismo competente en esta materia, bien sea la Unidad destinada a la atención de los Arrendamientos de Uso Comercial o la SUNDDE, prescribirá su derecho a reclamarlas y esas sumas de dinero serán utilizadas según lo establezca el Reglamento que se dictará y que hasta la fecha de terminación de este trabajo, no ha sido dictado. Esta disposición es injusta por varias razones, a pesar de que en el artículo 29 se fijan los supuestos que producen la interrupción y la suspensión del transcurso de la prescripción, a los cuales nos referiremos mas adelante, hay motivos para sostener la inequidad de esta disposición, que son, entre otras:

d.1. Que esos dineros son propiedad del arrendador y el hecho de que no los haya retirado no significa que ha renunciado a reclamarlos.

d.2. Que en muchas oportunidades el arrendador no debe retirar esas sumas de dinero debido a que ha instaurado un juicio contra el arrendatario que ha dejado de pagar o ha pagado en forma inoportuna o incompleta los cánones de arrendamiento y el arrendador no debe retirar ese dinero hasta tanto termine el juicio con una sentencia definitivamente firme que puede tardar años en producirse, porque al retirarlas legitima en contra del arrendador el incumplimiento del inquilino; entonces el arrendador se perjudicaría doblemente, por un lado no percibe los alquileres y por el otro por no retirarlos y poder mantener el juicio hasta el final, pierde ese dinero al que tiene derecho porque constituye la renta legítima de su local comercial.

d.3. En esta situación de tener pendiente un proceso judicial, el arrendador además tiene otra carga, la de realizar alguna actuación ante el organismo competente que lleva el control de esa cuenta bancaria especial para depositar alquileres comerciales, para demostrar su interés en mantener su derecho sobre esas sumas de dinero.

d.4. En la ley ni en la Resolución que creó la Unidad destinada a la atención de los Arrendamientos de Uso Comercial, se establece la obligación de notificar al arrendador de que los alquileres le están siendo depositados en la cuenta de ese organismo administrativo, por lo tanto no tiene manera de informarse de que sus alquileres están en esa cuenta y mal puede transcurrir un plazo de prescripción contra quien no está informado de ese hecho.

Por lo tanto no estoy de acuerdo con que se haya establecido el pago en cuenta bancaria de manera obligatoria y tampoco un lapso de prescripción que extinga el derecho de los arrendadores y propietarios a solicitar la entrega de los alquileres que han sido consignados o depositados en su favor.

Al día de hoy, a mas de un año de promulgada la ley, si un arrendador no le recibe el pago del alquiler al inquilino y tampoco abre la cuenta bancaria para que le deposite, el arrendatario no tiene una vía expedita para pagar, ya que la Unidad del Ministerio de Comercio destinada a la atención de los Arrendamientos de Uso Comercial no ha implementado el procedimiento ni la cuenta para depositar y el arrendatario no puede acudir a un banco a abrir una cuenta a nombre del arrendador porque no dispone de la documentación ni la firma de quienes pueden hacerlo.

Ahora bien, en virtud de la interposición de un recurso de regulación de la jurisdicción ante la Sala Político Administrativa del Tribunal Supremo de Justicia, esa Sala consideró que por cuanto el Ministerio del Poder Popular para el Comercio no ha dado cumplimiento a lo pautado en el artículo 27 de la Ley de arrendamiento comercial, en el sentido de abrir una cuenta bancaria para "poner(la) a disposición de los arrendatarios..." a fin de que puedan depositar los alquileres que les han sido rechazados por arrendadores o propietarios, decidió atribuir competencia a las Oficinas de Control de Consignaciones de los Arrendamientos Inmobiliarios (OCCAI), en los lugares donde estas estén funcionando y en su ausencia a los Juzgados de Municipio, para recibir consignaciones de alquileres comerciales.[16]

La ley establece varias formas de interrumpir la prescripción:

1. Solicitud de retiro de las cantidades a su favor ante el organismo competente en materia de arrendamientos de uso comercial.

2. Por cualquier acto del arrendador ante la "jurisdicción contenciosa" que pretenda ejercer el derecho sobre esas cantidades de dinero. Debo señalar que la expresión correcta y que no hubiera suscitado dudas debió ser: ante la autoridad judicial o en proceso judicial, ya que "jurisdicción contenciosa" tiene un doble significado, por una parte significa cualquier proceso en el cual haya contención entre partes, y también, se refiere a la jurisdicción contencioso administrativa. Debo interpretar que cualquier actuación contenciosa se refiere tanto a la interposición de recursos contra actos administrativos como presentación de demandas judiciales, relacionadas con el caso concreto.

---

[16] Tribunal Supremo de Justicia, Sala Político Administrativa, sentencia 01004 del 13 de agosto de 2015, Exp 2014-1480.

Se aclara que interrumpida la prescripción la misma comienza a correr, o sea, se reinicia, el día siguiente al que se produjo su interrupción.

También la ley señala que el cómputo del plazo de la prescripción se suspende de la siguiente forma:

a. Por interposición de solicitudes o recursos administrativos o judiciales que tengan por objeto la relación arrendaticia con ocasión de la cual se consignaron esas cantidades de dinero a su favor, hasta 60 días después de que haya decisión definitiva u opere el silencio administrativo según el caso.

b. Por decisión o auto judicial que ordene la suspensión del plazo de la prescripción.

En ambos casos, el accionante en vía judicial o administrativa, debe llevar al organismo competente para la recepción de consignaciones de alquileres comerciales, la constancia de haber intentado una acción judicial o administrativa o la copia del auto del juez que decrete la suspensión del lapso de prescripción.

El artículo 30 de la ley señala la obligación del arrendador de expedir factura fiscal detallada al arrendatario.

VII. FIJACIÓN DEL VALOR Y DEL CANON DE ARRENDAMIENTO DEL INMUEBLE COMERCIAL

La primera disposición de la ley en relación con la fijación del valor del inmueble y la consecuente rentabilidad señala que el avalúo del inmueble se hará con el método del "costo de reposición". Es pertinente indicar que este enunciado se utiliza impropiamente ya que debería utilizarse "valor de reposición" que es la expresión técnicamente correcta.

Seguidamente dice la ley que corresponde a la SUNDDE supervisar y acordar la metodología de avalúo a aplicar. Debemos tener claro que esta ley no confiere atribuciones al Ministerio del ramo comercial, a la SUNDDE ni a la recientemente creada Unidad destinada a la atención de los Arrendamientos de Uso Comercial para fijar valor de reposición ni para regular el monto de los alquileres comerciales, solamente les confiere la función de conciliación en caso de desacuerdos entre arrendadores y arrendatarios, de fijar políticas en este ámbito y establecer la metodología para la elaboración del avalúo sobre el cual se fundamentará la renta fija o mixta de los inmuebles de uso comercial. Hasta la fecha de terminación de nuestro trabajo, no ha sido publicado el Reglamento de la ley ni han sido emitidas resoluciones, instructivos ni ningún acto administrativo de efectos generales que contenga la metodología mencionada, y tampoco ha habido pronunciamiento de la SUNDDE.

Este artículo 31 que estamos comentando es toda una contradicción porque primero dice que el método será el del "costo de reposición" pero después afirma que el organismo administrativo encargado de fijar los precios justos de acuerdo con la Ley Orgánica de Precios Justos, deberá supervisar y acordar la metodología, cuando en realidad para establecer el valor de reposición de un inmueble existen criterios técnicos suficientemente claros y de aceptación general que permiten fijarlo sin necesidad de intervención de organismo administrativo alguno.

El artículo 7° de la Ley de Regulación de alquileres comerciales señala que "En todo lo relacionado con los contratos de arrendamiento a suscribir, se procurará el equilibrio y acuerdo entre las partes..." y solamente en caso de dudas o controversias se podrá solicitar la intervención de la SUNDDE.

Si este es el principio general, es decir el acuerdo de voluntades entre las partes contratantes, ¿por que la ley mas adelante se contradice y afirma que le corresponde a la SUNDDE supervisar y acordar la metodología para el avalúo?

Nos preguntamos, ¿hay o no libertad de contratación entre las partes para acodar cual es el costo (*sic*) de reposición del inmueble y sobre esa base establecer la rentabilidad?

Por su parte la Ley Orgánica de Precios Justos en su artículo 11, numeral 20 señala que esta superintendencia (SUNDDE) tiene, entre otras, la atribución de:

"Establecer los criterios para fijar los cánones de arrendamiento justos de locales comerciales".

A este respecto se debe aclarar que establecer criterios no es regular, es solamente fijar los parámetros que se utilizarán para proceder a elaborar el avalúo o tasación tendiente a calcular el valor de un inmueble y consecuencialmente su rentabilidad, pero esta atribución no consiste en fijar directamente el canon de alquiler del inmueble, solamente establecer los lineamientos dentro de los cuales deben calcularse los avalúos de esos inmuebles.

Inmediatamente, en el artículo 32, la ley dice textualmente:

"La fijación del canon de arrendamientos de los inmuebles sujetos a regulación de conformidad con el presente Decreto Ley, la determinarán el arrendador y el arrendatario, aplicando uno de los siguientes métodos, seleccionado de común acuerdo..."

Aún mas contradictorio, si es posible afirmarlo. Hasta este párrafo la ley no ha mencionado que los locales de uso comercial estén sometidos a regulación (salvo que se esté utilizando la palabra regulación como sinónimo de normativa), lo que ha señalado es el método por el cual deberán avaluarse con fines rentales y en sus disposiciones siguientes que comentaremos de seguidas, tampoco. Pareciera que en algún momento de la redacción de la ley se quiso imponer una regulación y después se tomó la decisión de dar paso al acuerdo entre partes, pero los rastros de las pretensiones regulatorias quedaron allí reflejados o, por el contrario, se quiso dar autonomía a las partes, pero se titubeó en algún momento y quizás el Ejecutivo hubiera preferido la regulación, pero tampoco se hizo claramente, y a ojos de quien debe aplicar esta ley e interpretarla es confusa, además de aparecer indicios de las intenciones contradictorias del legislador ejecutivo (es un decreto ley por vía habilitante). Por otra parte podría considerarse que la palabra "regulación" en este contexto es usada como sinónimo de "normativa"; ante la imprecisión cualquier especulación e interpretación sería válida.

Hay una opinión que ha circulado en los medios especializados que debe ser abordada: se ha dicho que si al año de haber arrendado un inmueble se va a celebrar un contrato con un nuevo arrendatario bastaría con aplicar el Índice Nacional de Precios al Consumidor al valor de reposición establecido un año atrás para tener el nuevo avalúo sobre el cual se calculará la renta mensual del local. Debo señalar que nada es mas ajeno a la realidad y explico una de las razones: Los inmuebles no se valorizan al mismo ritmo del Índice general de precios al consumidor, tienen su propia dinámica, por ejemplo: la zona donde se encuentra el inmueble puede estar afectada por la realización de un obra pública que impide o limita el libre desenvolvimiento del comercio. Otro ejemplo: el local se ha deteriorado en razón de una severa temporada de lluvias o por el contrario se ha valorizado en razón de que se ha instalado a corta distancia una estación del Metro. Así pues, cada momento de la vida útil de un inmueble debe ser debidamente ponderada para fijar su valor de reposición bien porque haya mejorado su estructura, porque se haya valorizado el terreno, porque haya mejorado su ubicación en razón de mejores servicios y tantas otras variantes que influyen en su valor de reposición.

Los métodos para fijar el monto del alquiler de los inmuebles de uso comercial son:

1. **Canon de arrendamiento fijo (CAF)**

2. **Canon de arrendamiento variable (CAV)**

3. **Canon de arrendamiento mixto (CAM)**

Canon de arrendamiento fijo: para establecer su monto debe tomarse en cuenta el valor actualizado del inmueble, es decir el "costo de reposición", que se divide entre doce (12) meses y entre el área arrendable para obtener el canon por metro cuadrado, y este resultado se multiplica por el número de metros que se van a alquilar y luego se extrae el porcentaje de rentabilidad que para el primer año de contrato puede ser del doce por ciento (12%) y para años sucesivos pareciera que hay libertad de contratación porque no se fija porcentaje alguno.

> **- Fórmula: CAF = (VI/12/M2A) x M2 ax %RA**

Ejemplo: valor del inmueble Bs. 6.000.000

Dividido entre 12 meses = Bs. 500.000

Área arrendable: 100 M2

Se divide entre el área arrendable: Bs. 5.000 por metro cuadrado arrendable x 100 M2 = 5.000.000

Porcentaje de rentabilidad 12% anual = Bs. 60.000 renta mensual

Canon de arrendamiento variable: se fija mediante la aplicación de un porcentaje de rentabilidad que debe estar entre el 1% y el 8% sobre las ventas brutas, expresadas en la declaración que está obligado a presentar mensualmente el comerciante al SENIAT para el pago del impuesto al valor agregado (IVA). Si el negocio se dedica a actividades de entretenimiento el porcentaje puede estar entre el 8% y el 15% de las ventas brutas.

Ejemplo:

-   Ventas brutas del negocio durante el mes: Bs. 12.000.000

-   Porcentaje fijado de común acuerdo entre arrendador y arrendatario: 5%

-   Renta mensual: Bs. 600.000

Canon de arrendamiento mixto:

Consta de una porción fija acordada entre las partes, no superior al 50% de lo que correspondería si se fijara el canon fijo (en el primer ejemplo no podría ser superior a Bs. 30.000 mensuales), mas un porcentaje, no superior al 8%, sobre las ventas brutas mensuales del negocio (en el segundo ejemplo, serían Bs. 600.000), pero como el porcentaje sobre las ventas brutas supera en mas del doble la porción fija del alquiler (el doble del alquiler fijo en el primer ejemplo sería Bs. 120.000), se suprimirá la porción fija y se pagará solamente el porcentaje sobre las ventas brutas, es decir, en el segundo ejemplo, Bs. 600.000 y no el monto de la renta fija (alquiler fijo) mas el porcentaje sobre ventas brutas (que sería en los ejemplos Bs. 30.000 + 600.000).

En el caso que las partes no lleguen a un acuerdo o tengan dudas acerca de la forma de cálculo, podrán acudir a la SUNDDE para su determinación (¿del avalúo o de la renta?), así lo dice la ley, a pesar de que ese organismo no tiene atribuciones para fijar el monto del alquiler, solamente puede orientar, dar criterios para el cálculo.

En esta nueva Ley de arrendamientos comerciales en vez de atribuirle al Ejecutivo Nacional, como se hizo en la Ley de Arrendamientos Inmobiliarios, actualmente vigente solamente para oficinas, industrias y otros usos, le atribuye a la SUNDDE mediante providencia administrativa que deberá dictar, la facultad de modificar los porcentajes de rentabilidad que se fijan en la ley por motivos de interés público.

Es conveniente señalar que la ley en su artículo 17 prohíbe cobrar cánones de arrendamiento que no sean calculados según los métodos contenidos en ella y por lo tanto todo alquiler superior a lo señalado en la ley puede ser objeto de la acción de reintegro por haberse cobrado sobrealquileres.

En vista del retraso del Ejecutivo en dictar el Reglamento de la ley que contenga la metodología para calcular el avalúo de los inmuebles de uso comercial, los comerciantes y sus arrendadores han optado por hacer el cálculo al revés, es decir, ponerse de acuerdo acerca del monto del alquiler para después calcular el valor de reposición y reflejarlo en el contrato, en definitiva el mercado inmobiliario comercial es el que termina determinando los cánones de arrendamiento y no las fórmulas contenidas en la ley.

Revisión de los cánones de arrendamiento

La ley contiene solamente dos supuestos en los cuales es posible revisar los cánones de arrendamiento fijados en el contrato:

1. Cuando haya transcurrido un año después de firmado el contrato y el tope máximo del ajuste es el porcentaje anual señalado por el Banco Central de Venezuela para el rubro "Bienes y servicios diversos" en la publicación del Índice nacional de precios al consumidor del año inmediato anterior.

2. Cuando el arrendador haya realizado mejoras o reparaciones mayores al inmueble cuyo costo exceda el 40% del valor fijado como base para el cálculo del alquiler.

Nos preguntamos cual será la tasa de ajuste del alquiler en temporadas, como la actual[17], en que el Banco Central no publica regularmente los índices de precios, ni ningún indicador que sirve de guía para el ajuste de los alquileres. Legalmente no existe ninguna indicación ni previsión obligatoria, pero lo sensato sería recurrir a indicadores señalados por las tendencias de la inflación señaladas por especialistas de prestigio nacional que hayan calculado los índices de inflación y consecuencialmente el rubro de bienes y servicios diversos, y hacer un promedio de las opiniones de varios de ellos, para aplicar ese porcentaje promedio al ajuste del arrendamiento comercial.

VIII. SOBREALQUILERES Y GASTOS DE CONDOMINIO

El artículo 34 de la ley consagra el reintegro de sobrealquileres, es decir de los cánones superiores a los que establece la ley o por el cobro de otros conceptos contrarios a la ley (superiores a los cálculos señalados o por venta del punto, traspaso, "llave" u otros). La acción para reclamar esos sobrealquileres se denomina reintegro y prescribe a los dos años y son solidariamente responsables de la devolución de lo cobrado en exceso, el propietario del inmueble, el administrador, el arrendador y el recaudador. La suma reclamada está sometida a indexación proporcional al Índice Nacional de Precios al Consumidor y es compensable con cánones de alquiler que deban ser pagados por el arrendatario reclamante.

---

[17] http://www.bcv.org.ve/ (consultado 26-4-2015) publicado INPC has-ta el 31 de diciembre de 2014.

Comité Paritario de Administración del Condominio

Cuando el inmueble arrendado forme parte de uno mayor sometido a régimen de propiedad horizontal, comunidad o alguna forma de propiedad colectiva, la administración del condominio será coordinada por un Comité paritario de administración, cuyos miembros serán seleccionados por los propietarios y por los inquilinos en número igual para cada parte sin que, por los arrendatarios puedan establecerse diferencias o votos privilegiados por porcentajes o tamaño de los locales, el mecanismo de elección deberá ser democrático y transparente.

Este comité podrá establecer normas o reglamentos para el condominio y podrá también fijar sanciones por incumplimiento de lo acordado.

Los gastos comunes que deberá pagar cada arrendatario se calcularán sobre la base del porcentaje de condominio que le corresponde al inmueble de uso comercial que ocupa y la ley indica cuales son los gastos comunes que se pueden cobrar a los arrendatarios:

1. Gastos de mantenimiento y conservación del inmueble del cual forma parte.
2. Servicio de aseo, limpieza, recolección y disposición de desechos sólidos.
3. Agua potable.
4. Energía eléctrica.
5. Vigilancia.
6. Reparación y mantenimiento de maquinaria y equipos.
7. Gastos de administración no mayores al 10% de la facturación.
8. Otros bienes y servicios necesarios para el buen funcionamiento del inmueble.
9. También podrá establecer contribuciones o fondos para atender gastos de mercadeo o propósitos especiales.

Estos gastos deberán ser pagados en la oportunidad que establezca el contrato, que generalmente es mensual, y se deberá emitir factura detallada de ellos. Las reparaciones mayores del inmueble general, del centro comercial o de la edificación de la cual forma parte el local, son a cargo del arrendador.

A este respecto es necesario diferenciar que el Comité Paritario de Administración del Condominio, como lo denomina la Ley de Arrendamiento de uso Comercial, no es lo mismo que la Junta de Condominio que prevé la Ley de Propiedad Horizontal, ya que a esta la designa en Asamblea de copropietarios, cada propietario tiene un voto y la Junta de Condominio dirige y controla la administración del condominio, es decir de los inmuebles que han sido vendidos bajo el régimen de propiedad horizontal, que no siempre coinciden con los locales de uso comercial y menos aún con los locales comerciales que han sido arrendados. Por ejemplo, si un condominio está integrado por unidades de vivienda, unidades de oficina y locales de uso comercial, el Comité Paritario solamente lo integrarán junto con una representación de los propietarios, los arrendatarios de esos locales comerciales, en número igual a los propietarios y este Comité decidirá sobre los gastos de condominio propiamente tales (que corresponde pagarlos a los copropietarios) cuáles de esos gastos deberán pagar los arrendatarios de los locales de uso comercial. Otra forma de explicarlo es: los gastos de condominio deben ser pagados por los copropietarios en la proporción que establece el documento de condominio, en cambio los gastos que impropiamente la ley denomina gastos de condominio cuando en realidad son gastos de mantenimiento y promoción publicitaria o comercial del centro o de la edificación de la cual forman parte, deben ser pagados por los arrendatarios de los locales. En cambio hay gastos de condominio como por ejemplo las mejoras que se realicen al inmueble en general, al centro comercial si es el caso, que solo deberán pagarlos los copropietarios no los arrendatarios.

Se podrían denominar los gastos que deben costear los arrendatarios, como gastos de mantenimiento siempre que se considere mantenimiento no solamente a la limpieza y reparaciones menores sino también el pago de vigilancia, promoción, eventos que beneficien a todos los arrendatarios porque incrementan la circulación de personas a través del inmueble y eventuales clientes, y así quedarían diferenciados de los propiamente llamados gastos de condominio que son los que corresponde pagar solo a los copropietarios.

En mi opinión esta nueva institución del Comité Paritario de Propietarios e Inquilinos es positiva porque ayuda a dilucidar cuales gastos debe pagar cada grupo, sin embargo la confusión en la denominación de gastos de condominio no ayuda a perfeccionar el funcionamiento del mismo, pero con una buena administración y planteamientos claros, aunque cada grupo pretenderá que el otro grupo asuma mayor carga, se pueden llegar a soluciones adecuadas que mejoren el funcionamiento de este nuevo organismo.

Nos preguntamos, ¿que sucede con los gastos comunes en inmuebles que no se rigen por el régimen de propiedad horizontal ni ninguna modalidad de propiedad común? Consideramos que en estos casos, que son muchos y en su mayoría se trata de locales comerciales *a pie de calle* que forman parte de viejas edificaciones integradas por unidades de oficinas y de viviendas, solamente se les podrán cobrar a los arrendatarios de los locales comerciales los gastos comunes enumerados en el artículo 36 de la ley, es decir, limpieza, seguridad, aseo urbano, electricidad, etc. de áreas comunes, pero no se les podrán exigir pagos por reparaciones estructurales mayores ni mejoras del inmueble del cual forman parte.

IX. PREFERENCIA OFERTIVA Y RETRACTO ARRENDATICIO

En caso que el propietario tenga intención de vender, se le deberá ofrecer el inmueble en venta en primer término al arrendatario. Es importante señalar que en esta ley no aparece la obligación del propietario de venderle al arrendatario, como erróneamente se ha difundido, aunque este haya permanecido como tal durante muchos años.

Condiciones que debe cumplir el arrendatario para tener esa preferencia:

1. Debe tener al menos dos (2) años como arrendatario.

2. Debe estar solvente en el cumplimiento de todas sus obligaciones contractuales, legales, reglamentarias (pago del alquiler, de los gastos de condominio, pago del IVA)

3. Satisfacer las aspiraciones del propietario, es decir, aceptar el precio y demás condiciones del negocio de compraventa planteadas por el propietario.

4. Dar respuesta afirmativa dentro de los quince (15) días siguientes a la recepción de la oferta.

Condiciones que debe cumplir el propietario al ofrecer la venta:

1. Realizar notificación escrita de la oferta a través de Notaría Pública.
2. Especificar el precio justo y demás condiciones de la operación de compra-venta.
3. Plazo dentro del cual sostendrá la oferta en esos términos no menor de tres (3) meses.
4. Dirección donde debe dirigirse la respuesta.
5. Adjuntar copia del documento de propiedad, del documento de condominio o de propiedad colectiva y certificación de gravámenes.

Debo hacer notar que el precio que debe comunicar el arrendador al arrendatario deberá ser el "precio justo", lo cual hace pesar que en el futuro ese precio podría ser fijado por la SUNDDE, aunque no se menciona este detalle, nada insignificante, en la ley.

La negativa del arrendatario o su ausencia de aceptación dentro de los quince días siguientes a su notificación dejarán en libertad al propietario de dar en venta el inmueble a terceros.

En caso de no haberse realizado la notificación en las condiciones señaladas o si se ha vendido el inmueble a un tercero en condiciones mas favorables de las ofrecidas al arrendatario, este podrá ejercer la acción judicial de retracto legal arrendaticio dentro de los siguientes seis meses contados a partir de la notificación que realice el nuevo propietario, que deberá adjuntar copia certificada del documento de adquisición, o los seis meses contados desde el momento en que tenga conocimiento de la operación de venta.

La acción de retracto legal arrendaticio pretende sustituir al nuevo propietario por el arrendatario mediante el pago del mismo precio que pagó ese tercero adquirente, es decir la subrogación del arrendatario en los derechos del comprador.

X.   DESALOJOS (ART. 40)

El artículo 40 de esta ley establece las causales de desalojo, que son las más amplias y completas que hayan sido incluidas hasta ahora en legislación arrendaticia alguna en el país, y son nueve, y algunas se pueden subdividir como haré en la enumeración que incluyo a continuación:

CAUSALES DE DESALOJO

a. Falta de pago de dos cánones consecutivos de arrendamiento, gastos de condominio o gastos comunes.

b. Que el arrendatario haya destinado el inmueble a:

   a. Usos deshonestos.

   b. Usos indebidos.

   c. Usos diferentes a los contemplados en el contrato.

   d. Usos contrarios a las normas de convivencia ciudadana.

c. Que el arrendatario haya ocasionado al inmueble deterioros mayores a los provenientes del uso normal o haya realizado reformas no autorizadas.

d. Que se haya cambiado el uso del inmueble a uno diferente a la conformidad de uso otorgada por las autoridades municipales o quien haga sus veces, un uso contrario al contrato o a las normas de condominio.

e. Que el inmueble vaya a ser demolido o requiera reparaciones mayores que ameriten la desocupación debidamente justificada.

f. Que el arrendatario haya cedido el contrato, que haya subarrendado total o parcialmente el inmueble, salvo autorización expresa.

g. Que el plazo del contrato haya vencido y no exista acuerdo de prórroga.

h. Que se haya agotado el plazo para ejercer la preferencia para adquirir el inmueble y el mismo haya sido vendido a un tercero.

i. Incumplimiento de la ley, el contrato, el documento o el reglamento de condominio o las normas dictadas por el Comité Paritario de Administración del Condominio.

Como se puede observar, estas causales están adaptadas a las opciones que se pueden presentar en los contratos de arrendamiento de locales de uso comercial, ya que excluyen, por ejemplo, la necesidad de ocupar el inmueble por parte del propietario o el arrendador que es una de las causales en materia de vivienda, ya que se trata de un negocio que funciona en el inmueble y no de una vivienda que puede ser necesitada por el dueño o un familiar cercano.

Además los incumplimientos que pueden generar una causal de desocupación están bien definidos y fundamentalmente se basan en violaciones de la ley o el contrato como falta de pago o cambio de uso.

La causa de desocupación por falta de pago es a la vez una causa de resolución del contrato de arrendamiento y en el caso de los comercios, basta haber dejado de pagar dos mensualidades del canon de arrendamiento o de los gastos de condominio o gastos de mantenimiento para que se produzca este motivo de desocupación.

La segunda causal la hemos dividido en tres porque reúne en su texto causas diferenciadas de desalojo como son: que el arrendatario haya destinado el inmueble a usos deshonestos, usos indebidos, usos diferentes a los pactados en el contrato (aunque sean usos lícitos) o usos contrarios a las normas de convivencia ciudadana. En relación con esta última causal habría que analizar si en el municipio donde está ubicado el local comercial de que se trate tiene una Ordenanza de convivencia ciudadana sobre la cual pudiera fundamentarse esta causal tan específica y si esa ordenanza contiene alguna norma que haya sido contravenida por el arrendatario; esta causal es diferente de los usos deshonestos o indebidos y debe tener sustentación en esa ordenanza específica y no en una abstracción que le parezca al arrendador que violenta los términos del contrato. Por ejemplo que se destine el local a la venta de lotería, podría ser contrario al contrato pero no es un uso ilegal ya que la venta de loterías legales no es contrario a la ley. Diferente sería que el arrendatario destinara el local a juegos de envite y azar ilegales, en este caso si quedaría configurada la causal de uso deshonesto e indebido, e incluso ilegal, la dificultad está en la demostración, en llevar al expediente donde se tramite el proceso judicial, la prueba del uso ilegal del inmueble, lo cual no es, en la mayor parte de los casos es bastante difícil demostrar una de estas causales debido a que los arrendatarios ocultan esas actividades ilegales, pero ya queda al abogado en ejercicio conseguir la vía para demostrarla.

La tercera causal también ofrece dificultades en su demostración, ya que se basa en que el arrendatario haya ocasionado deterioros mayores al inmueble arrendado o haya efectuado reformas no autorizadas. En general cuando se arrienda un inmueble no se toma la precaución de dejar constancia en el contrato o en un anexo del mismo, de una descripción detallada de las condiciones en que se entrega, de los ambientes o partes de que está integrado, ni se anexa un plano descriptivo de la edificación y al producirse una modificación no autorizada habría que examinar el inmueble y poder demostrar cual era su condición o características antes de esa reforma, así pues, todo el detalle que se incluya en el contrato acerca de la descripción detallada del inmueble no es redundante, al contrario facilitaría la prueba del deterioro intencionado o de la reforma no autorizada si fuere el caso.

La cuarta causal también se sustenta en cambio de uso, pero esta vez en contravención con la conformidad de uso concedida por las autoridades municipales, contrario al contrato o a las normas de condominio. En estos casos bastaría exhibir la normativa violentada en contraste con el uso que se da al local para demostrar la causa de desocupación.

La siguiente causal estuvo incluida en el Decreto legislativo sobre Desalojo de Vivienda de 1947 y en la Ley de Arrendamientos Inmobiliarios de 1999 y fue eliminada de la Ley de Arrendamiento de Vivienda y consiste en que el inmueble deba ser demolido, bien por ruina que represente peligro para sus ocupantes o porque en ese lugar se vaya a construir una edificación nueva; esta causal incluye la realización de reparaciones mayores, de tal magnitud que no sea posible realizarlas con ocupantes dentro del inmueble. Ambas posibilidades se pueden demostrar con el permiso de demolición, la declaratoria de ruina por parte del Cuerpo de Bomberos o Protección Civil y el permiso para la realización de reparaciones mayores.

La sexta causal se basa en que el arrendatario, a espaldas del arrendador y obviamente sin su consentimiento, haya subarrendado o traspasado el contrato o el inmueble. Generalmente en estos casos también nos encontramos con dificultades en la prueba del subarriendo o traspaso ya que el beneficiario de esa negociación no está interesado en facilitarle al arrendador la demostración de la violación del contrato y de la ley, ya que le ley también prohíbe el subarriendo y ello hace difícil y a veces imposible la prueba de la causal de desocupación.

La siguiente causa de desalojo es evidente que se haya vencido el plazo del contrato y habría que agregar que se haya vencido también el plazo de la prórroga legal si esta era procedente. La demostración de esta causal es sencilla puesto que se basa en el texto mismo del contrato.

La octava causa de desocupación es que haya vencido el plazo para que el inquilino ejerza su derecho de preferencia a adquirir el inmueble que tiene arrendado y, además, se realice la venta del local a un tercero. Esta causal es bastante compleja de comprender y de aplicar, ya que el arrendador puede haber ofrecido el inmueble en venta a su arrendatario aún vigente el plazo pactado en el contrato y el hecho de que venza el plazo de quince (15) días para dar respuesta al arrendador de su interés o no de comprar no significa que el contrato pierda su vigencia.

Ahora bien si el contrato vence sin que el inquilino haya respondido, queda en pie el derecho del arrendatario solvente a disfrutar de la prórroga legal, aun en el caso de que se haya vendido el inmueble a un tercero.

Ahora bien, la ley establece en su artículo 18 lo siguiente:

"El contenido y vigencia del contrato contentivo de las normas de la relación arrendaticia no sufrirán derogación o modificación alguna por el cambio de arrendador, como consecuencia de la transferencia de propiedad o administración del inmueble comercial, salvo que el arrendatario manifestare expresamente y por escrito su voluntad de dar por terminada la relación arrendaticia como consecuencia del cambio de arrendador, caso en el cual podrá invocar la culminación anticipada del plazo del contrato por motivos imputables al arrendador."

Esta disposición consagra un privilegio para el arrendatario cuyo local haya sido vendido a un tercero, bien sea que el arrendatario haya manifestado no estar interesado en comprarlo o que se haya vendido a sus espaldas, la ley no discrimina. En principio el contrato queda plenamente vigente sin alteración alguna, incluida las prórrogas pactadas en el contrato y la prórroga legal, pero en estos casos el arrendatario y solo el arrendatario puede optar por invocar la terminación anticipada del plazo del contrato y quedar exonerado de cumplirlo hasta su expiración natural a la finalización del plazo convenido, y sin consecuencias negativas para el arrendatario, es decir, sin pago de los alquileres por todo el plazo ni indemnización alguna al arrendador.

La última de las causales contempladas en la ley es el incumplimiento, por parte del arrendatario, de una cualquiera de las obligaciones contempladas en el contrato, en el documento de condominio o de las normas dictadas por el Comité Paritario de Administración del Condominio.

Vale la pena comentar que es la primera vez que se incluye como causal de desocupación la venta del inmueble.

XI. PROHIBICIONES

El artículo 41 de la ley contiene 13 prohibiciones concretas y taxativas (esto significa que no hay otras prohibiciones, que estas son todas) para este tipo de contrataciones de inmuebles comerciales:

a. Cobro por mostrar inmuebles en oferta para alquilar. Se había hecho costumbre que personas inescrupulosas cobraban por mostrar inmuebles que no se arrendaban nunca porque el negocio era mostrarlos para obtener un beneficio; esta prohibición pretende terminar con esta práctica viciosa.

b. Arrendamiento de inmuebles "con condiciones físicas inadecuadas" que asumimos se refiere a inmuebles inhabitables, en ruinas, deteriorados o en zonas de riesgo, sin servicios públicos básicos, que serían el equivalente a los "ranchos" cuando se trata de viviendas.

c. Subarrendamiento no autorizado. La ley prohíbe el subarriendo que solamente está permitido cuando las partes así lo pactan en el contrato o por una autorización posterior que puede someterse a alguna condición, por ejemplo que se subarriende a una empresa subsidiaria de la arrendataria principal o cualquiera otra condición de espacio o de tiempo.

d. Establecer cánones de arrendamiento por métodos diferentes a los contemplados en esta ley. Lo cierto es que no es fácil caer en esta prohibición ya que la ley contiene tres métodos para fijar el canon de arrendamiento y alguno de esos tres debería ser conveniente para arrendador y arrendatario, además el artículo 7° de la ley señala que el alquiler debe ser fijado por acuerdo entre las partes y solo en caso de desacuerdo se puede acudir a la autoridad.

e. Fijar alquileres en moneda extranjera. En la Ley de Arrendamientos Inmobiliarios de 1999 no se prohibía el alquiler pactado en moneda extranjera, pero sí se establecía que el arrendatario se liberaba de su obligación cuando acreditaba el pago del equivalente en moneda nacional (Art. 17, parágrafo segundo). Esta ley si prohíbe en forma específica el pacto de pago de alquileres en divisas extranjeras.

f. Cobro por conceptos de activos intangibles como relaciones, reputación, punto comercial, conocimiento del mercado y otros semejantes como el que se ha denominado "llave" que es el pago por la ubicación privilegiada del inmueble o porque en ese local haya funcionado un negocio prestigioso, quizás del mismo ramo comercial del que instalará el nuevo inquilino.

g. Ajustes del alquiler no previstos en el contrato ni en la ley. Esta ley permite los ajustes anuales y también los pactados en el contrato por temporadas, además de las variaciones propias del convenio de pago de alquileres basados en porcentajes sobre ventas brutas que conlleva necesariamente una variación constante y en particular estacional de la renta.

h. Cobro de multas por el arrendador por incumplimiento de horarios de apertura y cierre, arreglo de fachadas o vitrinas, salvo las acordadas por el Comité Paritario de Administración del Condominio. El único aparte del artículo 35 de la ley autoriza al Comité Paritario a aplicar sanciones por incumplimientos de lo pactado en los contratos o lo decidido por el propio Comité, pero no especifica el tipo de sanciones que puede imponer.

i. Cobro por el arrendador de otras penalidades, regalías o comisiones parafiscales no previstas en el contrato o la ley.

j. Prohíbe el "arbitraje privado" para resolver conflictos.

En la primera edición de este Manual, señalé lo siguiente:

"En este punto es indispensable señalar que esta prohibición es inconstitucional, ya que el artículo 258 de la Constitución de la República Bolivariana de Venezuela ordena promover los medios alternativos de resolución de conflictos y en especial el arbitraje. También la jurisprudencia constante de la Sala Constitucional del Tribunal Supremo de Justicia se ha manifestado "pro arbitraje", justamente con fundamento en la Constitución[18]. En consecuencia sería conveniente intentar el recurso de nulidad de este literal "j" del artículo 41 de la ley, a fin de que la Sala Constitucional del Tribunal Supremo de Justicia se pronuncie al respecto y declare su nulidad."

Ahora bien, un grupo de abogados interpuso ante la Sala Constitucional del Tribunal Supremo de Justicia una acción de interpretación de ese aparte j del artículo 41 de la Ley de arrendamiento comercial y la Sala se declaró incompetente para conocer ese recurso debido a que se trata de la interpretación de una ley y no de la Constitución que sería su competencia y declinó el conocimiento de la acción en la Sala Civil del mismo Tribunal Supremo.[19]

---

[18] Sala Constitucional del Tribunal Supremo de Justicia, Sentencia N° 1541 del 17 de octubre de 2008.

[19] Tribunal Supremo de Justicia, Sala Constitucional, sentencia N° 31 del 13 de febrero de 2015, Exp. 14-0579.

Por su parte, la Sala Civil del Tribunal Supremo de Justicia, dictó sentencia el 11 de diciembre de 2015[20] declaró inadmisible el recurso de interpretación del mencionado literal de la Ley en referencia, por considerar que la Sala Político Administrativa de ese mismo Tribunal Supremo ya había decidido el punto en su sentencia de fecha 2 de julio de 2015[21], en la cual afirma que la Ley de Arrendamiento Comercial contiene una expresa prohibición del arbitraje en esta materia y por lo tanto, decidido el asunto por otra Sala y en un caso particular, inadmite el recurso de interpretación propuesto.

Este asunto en particular ha cambiado sustancialmente debido a acontecimientos posteriores: en razón del proceso arbitral llevado en el Centro de Arbitraje de la Cámara de Caracas y el laudo arbitral publicado el 16 de septiembre de 2016, mediante el cual se hizo uso de la aplicación del control difuso de la constitucionalidad, desaplicó la prohibición de arbitraje en un procedimiento arbitral cuyo objeto era la desocupación de un local comercial por haberse vencido el plazo del contrato y la prórroga legal que le concede la ley. Ese laudo al haber aplicado el artículo 333 de la Constitución, 20 del Código de Procedimiento Civil, fue remitido en consulta obligatoria a la Sala Constitucional (SC) del Tribunal Supremo de Justicia (TSJ) y el 18 de octubre de 2018, esa Sala dictó la sentencia N° 0702[22] mediante la cual declaraba con lugar la desaplicación de esa prohibición de arbitraje, y quedó en pie tanto el procedimiento arbitral realizado en ese caso particular como el laudo que resolvió ese caso y afirmó de manera clara que también los árbitros pueden y deben aplicar el control difuso de la constitucionalidad.

La sentencia contiene menciones interesantes que amplían el ámbito de aplicación del arbitraje, no solamente a los contratos de inmuebles comerciales, sino también a asuntos de Orden Público y consagra el arbitraje como un derecho de los ciudadanos. Adicionalmente la Sala Constitucional ordenó dar inicio al procedimiento de nulidad del literal "j" del artículo 41 de la Ley de Arrendamiento Comercial.

---

[20]   Tribunal Supremo de Justicia, Sala Civil, sentencia RI 815 del 11 de diciembre de 2015, Exp. AA20-C-2015-000221. http://historico.tsj.gob.ve/decisiones/scc/diciembre/183922-RI.000815-111215-2015-15-221.HTML

[21]   Tribunal Supremo de Justicia, Sala Político Administrativa, sentencia N° 800 del 2 de julio de 2015, Exp. 2015-000248.

[22]   http://historico.tsj.gob.ve/decisiones/scon/octubre/301753-0702-18-1018-2018-17-0126.HTML

k. Prohíbe la resolución unilateral del contrato. Sobre este particular también cabe un comentario especial en el sentido de que el contrato de arrendamiento está definido en nuestro Código Civil[23] como un contrato bilateral, es decir, que genera obligaciones para ambas partes, por lo tanto no puede ser resuelto ni rescindido por una sola de ellas, sino que su terminación depende de la voluntad confluyente de ambas partes o de una resolución o sentencia judicial. En consecuencia esta prohibición es innecesaria ya que la ley civil ya lo tiene previsto y si una sola de las partes pretendiera abusivamente dar por concluido un contrato de arrendamiento la parte afectada tendría acciones legales para impedirlo sin recurrir a esta prohibición de esta ley especial.

Sin embargo es necesario destacar que el artículo 18 de la ley permite al arrendatario unilateralmente dar por terminado el contrato en dos casos: 1. Cuando se haya vendido o de alguna forma haya habido una transferencia de la propiedad del inmueble, y 2. Cuando haya variado el administrador. Solamente en estos dos casos se permite al arrendatario invocar la terminación unilateral del contrato de arrendamiento. En ninguno de esos dos casos está justificado que el arrendatario unilateralmente de por terminado el contrato, ya que el derecho común lo protege de la forma que aunque varíe el propietario o el administrador del inmueble, el contrato continua vigente en los mismos términos pactados.

l. Dictar medidas cautelares de secuestro de bienes muebles e inmuebles vinculados al arrendamiento, sin que se haya agotado la instancia administrativa que tendrá un plazo de treinta (30) días continuos para pronunciarse y quedará agotada con el trascurso de ese plazo aunque no hubiera pronunciamiento.

Es necesario señalar que este es el único punto en que esta ley menciona que previo al decreto de una medida cautelar específicamente de secuestro es necesario transitar un trámite administrativo, cuyo procedimiento no está en la ley, ni se señala cual es el organismo administrativo ante el cual se debe tramitar, y es necesario aclarar que ese trámite administrativo previo no es previo a la demanda, sino que está previsto para el caso que el arrendador pretenda obtener el decreto de una medida cautelar de secuestro,

---

[23] **Artículo 1.579.** El arrendamiento es un contrato por el cual una de las partes contratantes se obliga a hacer gozar a la otra de una cosa mueble o inmueble, por cierto tiempo y mediante un precio determinado que ésta se obliga a pagar a aquélla.

y si no es así, es decir que si se demanda y se tramita el procedimiento judicial sin siquiera solicitar una medida cautelar, no será necesario transitar el "peaje" administrativo aquí previsto, ya que para demandar no se requiere ningún tipo de "habilitación" administrativa como en el caso de las demandas relativas a contratos de arrendamientos de viviendas.

Esperamos que el Ejecutivo dicte el reglamento que contenga mayores detalles de este trámite, aunque el procedimiento debería incluirse en la ley o el mismo se tramitaría de acuerdo con la Ley Orgánica de Procedimientos Administrativos.

m. Prohíbe la ley que los locales de uso comercial sean administrados por empresas extranjeras no radicadas en el país.

Esta prohibición tiene sentido para que la administración pública pueda tener control del cumplimiento de esta ley y de las obligaciones tributarias que de ella derivan, como pagos y retenciones de impuestos tanto sobre la renta como del impuesto al valor agregado.

Esta ley también contiene algunas prohibiciones (Art. 42) relacionadas con la publicidad de las ofertas de inmuebles comerciales en arrendamiento, como las siguientes:

a. Exigir condiciones de preferencia sexual, política o religiosa, origen étnico, estado civil, clase social, profesión, condición social, discapacidad, enfermedades crónicas o terminales, para arrendar inmuebles de uso comercial.

Ya la Ley de Regulación de Alquileres de 1960 (Art. 24) y la Ley de Arrendamientos Inmobiliarios de 1999 (Art. 17), contenían este señalamiento a fin de evitar discriminaciones a la hora de elegir al arrendatario.

b. Ofrecer rentas falsas o engañosas.

c. Anuncios que inciten a la infracción de la ley. La Ley de Arrendamientos Inmobiliarios ya citada también prohibía este tipo de anuncios (Art. 17, literal "c").

XII. PROCEDIMIENTOS JUDICIALES

Se atribuye competencia contencioso administrativa en materia de impugnación de actos administrativos relacionados con arren-

damientos comerciales y emanados de la SUNDDE o de la Unidad
en Materia de Arrendamiento de Uso Comercial creada por el Ministerio del Poder Popular para el Comercio, en Caracas a los Juzgados
Superiores Contenciosos y en el interior a los Juzgados de Municipio. Estos procedimientos deberán tramitarse de acuerdo con la Ley
Orgánica de la Jurisdicción Contencioso Administrativa[24].

Se señala que los procedimientos judiciales serán competencia
civil ordinaria y se tramitarán por el procedimiento oral previsto en
el Código de Procedimiento Civil (Art. 859 y siguientes).

XIII. SANCIONES

Las sanciones que estipula esta ley son todas pecuniarias y van
desde 500 hasta las 2.500[25] Unidades Tributarias, según el tipo de
violación que se esté penando.

El Ministerio del Poder Popular para el Comercio creó, mediante Resolución 057-14 publicada en la *Gaceta Oficial de la República Bolivariana de Venezuela* N° 40.472 del 11 de agosto de 2014[26], la
Unidad en Materia de Arrendamiento de Uso Comercial, adscrita a
ese Ministerio y que deberá actuar en coordinación con la SUNDDE.

Será ese nuevo organismo el que tiene como atribución imponer las sanciones (Ver artículo 2, numeral 6) que contempla esta ley
que son multas desde 500 hasta 2.500[27] unidades tributarias por
diversas infracciones especificadas en el artículo 44 de la ley.

XIV. DISPOSICIONES TRANSITORIAS

La primera concede un plazo de seis meses para que los contratos
de arrendamiento de locales comerciales se adecuen a las disposiciones de esta ley. Esta disposición ha causado gran preocupación
entre los arrendadores y arrendatarios ya que, por una parte no
hace distinción entre locales situados dentro de centros comerciales y locales *"a pie de calle"* que han estado sometidos a regulación
de sus cánones de arrendamiento y ahora tendrían que ajustarse a

---

[24]   *Gaceta Oficial* 39.447 del 16 de junio de 2010.

[25]   Para el año 2015 a razón de Bs. 150 cada U.T., las sanciones van desde
Bs. 75.000 hasta Bs. 375.000.

[26]   http://www.tsj.gov.ve/gaceta/agosto/1182014/1182014-4046.pdf#
page=9

[27]   Durante el año 2015, la unidad tributaria tiene un valor de Bs. 150,
eso significa que las multas van de Bs. 75.000 hasta Bs. 375.000.

una ley que no está pensada para ellos, y por otro lado pretende obligar a quienes tienen contratos vigentes a adaptarse inmediatamente, dentro de este plazo de seis meses que concede la nueva ley, y sin hacer diferenciación entre locales que tengan contratos a plazo fijo cuyos plazos se encuentren en curso y locales cuyos contratos estén vencidos o se deban suscribir contrataciones nuevas bajo el régimen que contiene la nueva ley.

Esto ha generado que los arrendadores se han apresurado a presionar a los inquilinos para ajustar los cánones de arrendamiento, incluso aquellos que han tenido sus montos de alquileres hasta ahora regulados por Resoluciones de la Dirección de Inquilinato, a modificar sus contratos para ajustar los nuevos cánones de alquileres a los calculados con base en el "costo de reposición" del inmueble, que evidentemente ha provocado una brusca alza de los alquileres para lo cual no estaban preparados todos los comercios, especialmente los que han funcionado fuera de centros comerciales, que se trata de locales situados "a pie de calle".

También ha creado incertidumbre en las Notarías que no tenían claro cuales contratos podían autenticar y que se ajustaran a la nueva ley y cuales no, y eso provocó dos oficios emanados del Servicio Autónomo de Registros y Notarías (SAREN) que dieron instrucciones contradictorias y de difícil interpretación, que el tiempo y el sentido común se ha encargado de enmendar, fundamentalmente para que se pudieran formalizar las nuevas contrataciones, sin embargo es importante señalar que estas instrucciones confusas y en ocasiones equívocas han provocado mas de una situación que se ha prestado para la corrupción.

La segunda disposición transitoria señala que los procedimientos administrativos en curso también deberán adecuarse a la nueva legislación de acuerdo con un régimen de transición que deberá establecer el reglamento que dictará el Ejecutivo Nacional.

Es lógico preguntarnos a cuales procedimientos administrativos se refiere, ya que el procedimiento ante la SUNDDE y ante la Unidad en Materia de Arrendamiento Inmobiliario para Uso Comercial no habían comenzado y los únicos que podrían estar en curso eran las regulaciones de los alquileres de inmuebles comerciales construidos antes del 2 de enero de 1987, que se encontraban en tramitación ante la Dirección de Inquilinato, que además fue suprimida y no se sabe, a un año de la promulgación de la ley, que destino tendrán esos procedimientos ni esos miles o mejor dicho, cientos de miles de expedientes administrativos que reposan en los archivos de ese organismo u que aunque ya no se dictarán mas regulaciones bajo los criterios de la ley de Arrendamientos Inmobiliarios, esos expedientes contienen un tesoro de información inmobiliaria del Área Metropolitana de Caracas y del Estado Vargas que debe ser preservada.

En todo caso esa reglamentación a un año de la promulgación de la ley no ha sido dictada y los procedimientos en curso quedaron paralizados y han perdido pertinencia y legalidad si los contratos tenían que adaptarse a la nueva ley sin diferenciar entre locales regulados, locales en centros comerciales y locales "a pie de calle", ya que en el esfuerzo de adaptación al nuevo régimen y modelo de cálculo de los alquileres, ya los procedimientos administrativos de regulación han decaído y carecen de relevancia.

La tercera disposición suspende la ejecución de las medidas cautelares dictadas en procedimientos judiciales en curso hasta tanto se cumpla con el procedimiento administrativo previo, que aunque no lo dice explícitamente, también deberá ser incluido en el Reglamento por dictarse.

Esto significa que medidas cautelares de secuestro ya practicadas en juicios que se encontraban en curso debían ser suspendidas hasta tanto se desarrollara el procedimiento administrativo especial que debía establecerse en el Reglamento de la ley que no ha sido dictado; por lo tanto esas medidas han permanecido suspendidas durante mas de un año sin que se pudiera practicar de nuevo, pero los procesos judiciales sí se debieron continuar.

En las nuevas demandas, las medidas de secuestro solicitadas no pudieron ser decretadas, y en los juicios sobre arrendamientos comerciales en que no se hayan solicitado medidas de secuestro, pudieron seguir su curso sin interrupción alguna.

La disposición transitoria cuarta es muy peculiar porque señala que los contratos de arrendamiento en que se hayan pactado alquileres en moneda extranjera deberán someterse dentro de los próximos noventa (90) días (que vencieron el 23 de agosto de 2014), a la regulación prevista en esta ley, y en realidad, esta ley no prevé regulación alguna (en el sentido de fijación administrativa del monto del alquiler), es decir, tampoco se da a organismo de la Administración Pública alguno la facultad para regular el monto de los alquileres, sino que deja al convenio entre las partes, dentro de los tres métodos incluidos en el artículo 32, la fijación del alquiler, y solamente en caso de desacuerdo las partes pueden acudir al organismo competente, en principio la

SUNDDE, y luego de su institucionalización a la Unidad en Materia de Arrendamiento Inmobiliario para Uso Comercial para que establezca la forma de calcularlo y lo determine (artículo 32, cuarto aparte).

Ahora bien, la palabra "regulación" pudo haber sido utilizada en el sentido genérico de normativa, caso en el cual los cánones de arrendamiento en moneda extranjera, que por demás ya estaban prohibidos por otras legislaciones anteriores, como por ejemplo la ya derogada Ley de Ilícitos Cambiarios, y también el parágrafo segundo del artículo 17 de la Ley de Arrendamientos Inmobiliarios de 1999, que estipuló que se consideraría solvente al arrendatario que pagara el canon pactado en divisa extranjera al monto de su equivalente en bolívares, lo cual en aquel momento era sencillo porque había una sola paridad cambiaria oficial, hoy día sería impracticable ya que hay tres tasas de cambio legales y una al margen de la legislación pero conocida día a día y no prohibida que es la denominada "paralela".

- La disposición transitoria quinta ordena la supresión de la Dirección General de Inquilinato del Ministerio del Poder Popular para Vivienda y Hábitat, con lo cual desaparece la instancia administrativa reguladora de los alquileres y no surge una nueva con esa misma facultad.

- Como ya se refirió la fijación de los cánones de arrendamiento queda a cargo del acuerdo entre las partes con base en los "costos de reposición" del inmueble y los métodos señalados en el artículo 32 de la nueva ley.

- La disposición sexta señala que será el Presidente de la República mediante reglamento el que desarrollará el régimen de supresión de la Dirección General de Inquilinato y la transición necesaria que sea consecuencia de esa supresión, así como la continuidad administrativa de las funciones públicas relacionadas con la implementación de la nueva ley. Lo cual a más de un año de la promulgación de esta ley, aún no ha sucedido.

XV. DISPOSICIONES DEROGATORIAS

Primera: se ordena la desaplicación, no la derogatoria, de las previsiones de la Ley de Arrendamientos Inmobiliarios de 1999 a los inmuebles de uso comercial regidos por esta nueva ley. Con esta disposición no queda derogada esta ley, sino que no será aplicada a los arrendamientos comerciales. En cambio en la Ley de

Arrendamiento de Vivienda de 2011, en su disposición derogatoria sí se deroga la Ley de Arrendamientos Inmobiliarios para las viviendas.[28]

Ahora bien, es conveniente plantear que en caso que la nueva ley no contenga previsión específica sobre algún aspecto del contrato y de las obligaciones entre las partes o cualquiera otro en que se encuentre una omisión o laguna de la ley, se podría aplicar la disposición de la Ley de Arrendamientos Inmobiliarios de 1999 en ese asunto concreto, por tratarse de una ley general sobre el tema arrendaticio, mientras ella no sea contradictoria con le nueva normativa. Y esta apreciación proviene del hecho de que esa Ley de 1999 no ha sido derogada sino que se señala su desaplicación obviamente en aquellos aspectos en que haya sido modificada, contrariada o superada por la legislación novedosa.

Segunda: Se deroga el Decreto 602 publicado en la *Gaceta Oficial* 40.305 de 29 de noviembre de 2013, que congeló los alquileres comerciales y de otros usos (oficinas, industrias, educaciones, médicos, etc.), a razón de Bs. 250/M2 y los gastos de condominio que debían pagar los arrendatarios al 25% de esa cantidad.[29]

El comentario necesario a esta disposición derogatoria es que al quedar completamente derogado ese Decreto, los alquileres comerciales se fijarán sobre el parámetro del valor de reposición del inmueble y uno de los métodos que contiene esta ley, y los de oficinas, industrial, escuelas, instalaciones médicas, consultorios y otros, dejan de estar congelados y se fijarán de acuerdo con la ley de Arrendamientos Inmobiliarios de 1999.

XVI. DISPOSICIÓN ÚNICA

Esta disposición solo pone en vigencia la ley a partir de su publicación en la *Gaceta Oficial de la República Bolivariana de Venezuela*, es decir que su vigencia comenzó el 23 de mayo de 2014.

---

[28] "Única. Se derogan todas las disposiciones contenidas en el Decreto con Rango, Valor y Fuerza de Ley N° 427 de Arrendamiento Inmobiliario publicado en la *Gaceta Oficial de la República de Venezuela* 36.845 de fecha 7 de diciembre de 1999, destinadas, relacionadas o vinculadas con el arrendamiento inmobiliario de vivienda".

[29] http://www.tsj.gov.ve/gaceta/noviembre/29112013/29112013-3853.pdf#page=1

XVII. UNIDAD EN MATERIA DE ARRENDAMIENTO DE USO COMERCIAL

En ejecución del artículo 4° de la Ley de Arrendamiento Inmobiliario de Uso Comercial, que designa como ente rector en esta materia al Ministerio con competencia comercial con la asistencia de la Superintendencia Nacional para la Defensa de los Derechos Socio Económicos (SUNDDE) y señala que se crearían instancias especializadas en su aplicación, justamente el Ministro del Poder Popular para el Comercio designó como responsable de la **Unidad en Materia de Arrendamiento Inmobiliario para Uso Comercial** a una funcionaria, mediante Resolución 057-14 publicada en la Gaceta Oficial de la República Bolivariana de Venezuela N° 40.472 del 11 de agosto de 2014[30].

Algo peculiar que se debe señalar es que se designó a una persona como responsable de esa oficina administrativa sin haberla creado previamente y se le asignaron 15 atribuciones y una atribución residual, es decir las demás que le señalen las leyes, reglamentos y resoluciones y se le delega la firma para todo lo relacionado con esta oficina.

En nuestro país con frecuencia se incurre en la creación de un organismo administrativo único ubicado en la ciudad de Caracas, para atender una problemática de arrendamiento comercial en todo el territorio nacional y este es uno de esos casos. En la Resolución que crea el organismo no se indica que oficina atenderá estos asuntos en el resto del país.

Lo más importante de esta resolución es conocer las numerosas atribuciones que se le confieren, las cuales comentaremos de seguidas.

Son atribuciones de la responsable de esta Unidad las siguientes:

1. Velar por la aplicación y cumplimiento de la ley de arrendamiento inmobiliario de uso comercial.

2. Planificar y diseñar políticas sobre la materia.

3. Recibir, sustanciar y decidir las solicitudes de resolución de controversias que se susciten entre arrendadores y arrendatarios con motivo de esta ley y coordinar conjuntamente con la SUNDDE la asistencia técnica necesaria para cumplir con esta ley.

---

[30] http://www.tsj.gov.ve/gaceta/agosto/1182014/1182014-4046.pdf#page=9

4. Actuar como instancia de mediación y conciliación entre arrendadores y arrendatarios y resolver las controversias.

5. Exhortar al cumplimiento de la ley.

6. Recibir denuncias y abrir los procedimientos administrativos y decidir la aplicación de sanciones.

7. Desconocer la constitución de sociedades y la celebración de contratos o la adopción de fórmulas que menoscaben los derechos de arrendadores y arrendatarios, según el caso.

8. Informar a los tribunales acerca del agotamiento de la vía administrativa en caso de aplicación de medida cautelar de secuestro.

9. Ordenar la inspección de locales de uso comercial para verificar situaciones de hecho.

10. Llevar un registro de inmuebles de uso comercial, así como de las administradoras de los mismos.[31]

11. Garantizar la participación de propietarios y arrendatarios en el Comité Paritario de Administración del Condominio.

12. Recibir y tramitar denuncias acerca de violaciones en la fijación del canon de arrendamiento de inmuebles comerciales, pudiendo solicitar la asistencia de la SUNDDE.

13. Solicitar apoyo para la determinación de hechos suscitados en los inmuebles de uso comercial.

14. Firmar los documentos relacionados con el ejercicio de sus funciones.

15. Remitir informes bimensuales al Viceministro de Gestión Comercial del ejercicio de sus funciones.

16. Demás atribuciones que le confieran las leyes, reglamentos y resoluciones.

En resumen, se ha creado un organismo dentro del Ministerio de Comercio para que se ocupe de la aplicación de esta ley, reciba, tramite y decida los conflictos que se le planteen relacionados con su función, tramite un procedimiento administrativo previo, conciliatorio o de mediación, antes del decreto de una medida de secuestro sobre estos inmuebles de uso comercial, con expresa delegación de firma del Ministro del ramo a este funcionario responsable de esta Unidad. Es significativo señalar que esta Unidad no tiene facultades para regular los montos de los cánones de arrendamiento comercial ni para decidir cual de los modelos contenidos en el artículo 32 de la ley debe ser aplicado al caso concreto.

---

[31]   Este registro no está previsto en la ley.

Hasta el momento en que se elabora este trabajo, esa Unidad no tiene las asignaciones presupuestarias que requiere para instalarse, no cuenta con los equipos humanos ni materiales necesarios para conocer y aplicar esta ley especial, ni los elementos básicos de conocimiento de la materia así como tampoco con los funcionarios requeridos para desplegar el ejercicio de todas estas atribuciones de compleja aplicación que le han sido asignadas. Además de que el Reglamento que regirá gran parte de su accionar administrativo y su procedimiento no ha sido dictado.

XVIII. EXPOSICIÓN DE MOTIVOS DEL DECRETO LEY DE ARRENDAMIENTO INMOBILIARIO DE USO COMERCIAL

Y ustedes, mis amables lectores se preguntarán por que si una exposición de motivos es justamente la introducción a una ley, ¿porque la trato de última?

Sencilla la respuesta: porque ahora comprenderán cual fue la filosofía que la inspiró, la explicación de algunas de sus disposiciones y cual fue el resultado que se obtuvo.

Esta exposición de motivos comienza enunciando que de los inmuebles comerciales se trata de obtener la mayor rentabilidad posible con base en el capital invertido en ellos, considerada su vida útil. Que el sector inmobiliario comercial ha tenido los últimos años un comportamiento especulativo y que el rol del Estado es procurar el equilibrio entre las partes de este "juego económico" mediante el establecimiento de regulaciones que permitan la igualdad ante la Ley. Afirma que los análisis realizados por el Ejecutivo permitieron identificar la incidencia del monto del arrendamiento inmobiliario en la estructura de costo de los bienes y servicios, y señala que la alta rentabilidad de los inmuebles proviene de la acumulación de capital y no de una actividad propiamente productiva que genere trabajo y riqueza.

Esta situación impulsa al Estado a ordenar las relaciones entre comerciantes y propietarios, de manera que la baja oferta de inmuebles comerciales no genere mayor especulación, especialmente en los establecimientos que denomina impropiamente de multipropiedad[32], ya que en realidad se refiere a estructuras de centros comerciales algunos bajo régimen de alquiler, otros regidos por la

---

[32] En realidad no se está refiriendo al régimen de Multipropiedad que es otra cosa (multipropiedad y tiempo compartido en el sector turístico principalmente) sino a Propiedad Horizontal.

Ley de Propiedad Horizontal y otros mas que se administran bajo régimen mixto, en parte vendidos en propiedad horizontal y en parte arrendados.

Así mismo y consecuente con este discurso de formato socialista, señala la necesidad de proteger al comerciante-arrendatario en estas relaciones contractuales.

Se intercalan párrafos completos que parecen redactados desde una óptica diferente, la del requerimiento de impedir abusos por parte de los arrendatarios, y que señalan la necesidad de frenar mediante reglas claras los fraudes y otras prácticas indeseables por parte de los inquilinos que desestimularían nuevos desarrollos inmobiliarios comerciales y de esta manera, veladamente se expresa, que las construcciones comerciales son deseables y necesarias.

La exposición de motivos del Decreto Ley dice, establecer reglas claras para el arrendamiento responsable de inmuebles de uso comercial, en procura de relaciones arrendaticias justas y socialmente comprometidas que protejan los intereses de los venezolanos en la construcción de una sociedad justa, igualitaria y productiva hacia el socialismo.

Como se puede observar esta exposición de motivos utiliza conscientemente ideas provenientes del socialismo marxista clásico, en cuanto a las relaciones de explotación e improductivas, desecha que la actividad comercial sea creadora de empleo y riqueza, y sin embargo profundiza en una normativa que permite la explotación mercantil de los inmuebles de uso comercial, brinda tres métodos para fijar los cánones de arrendamiento, a cual mas lucrativo para el arrendador y permite, una vez analizado todo su texto, afirmar que la ley resulta una amalgama mal lograda de un articulado confuso, lleno de lagunas, prohibiciones y sanciones y no logra iluminar un camino de equidad sino por el contrario, a pesar del corto tiempo transcurrido desde su promulgación, podemos señalar que se evidencian signos inequívocos que incentivan una explotación comercial abusiva de los inmuebles y consecuencialmente de los negocios que los arrendatarios tienen instalados en los inmuebles arrendados.

Esta ley dejó sin regulación, sin control por parte del Poder Ejecutivo, los montos de los cánones de arrendamiento de locales comerciales que hasta ahora, en virtud de la Ley de Regulación de Alquileres de 1960 y después de la Ley de Arrendamientos Inmobiliarios de 1999 habían estado sometidos a regulación, habían contado con una verdadera protección contra los abusos de los propietarios y arrendadores, y esta nueva ley al ordenar la desaplicación de la Ley citada de 1999 y suprimir la Dirección de Inquilinato,

76

encargada de fijar las regulaciones de los alquileres de todos los locales comerciales construidos antes del 2 de enero de 1987, expone a los arrendatarios a la obligatoriedad de pagar alquileres que deberán fijarse en base al mal llamado "costo de reposición" y mediante aplicación de porcentajes sobre ingresos brutos, no solamente para a las edificaciones nuevas, a los centros comerciales, sino también cuando se trate de edificaciones viejas y con el deterioro del paso de los años, que muchas veces los propios arrendatarios han tenido que modernizar para poder continuar desarrollando sus negocios en ellos.

Esta ley permite que el arrendador presione al arrendatario para que, sin invertir capital alguno en el negocio ni asumir riesgo comercial alguno, se haga socio, y en los buenos tiempos del comerciante el arrendador percibirá porcentajes de rentabilidad sobre la ventas brutas, y en los tiempos malos, tiempos de baja en las ventas, el arrendador se asegura una renta fija, mediante una contratación mixta que contempla un alquiler base obligatorio sumada a una renta adicional porcentual basada en ingresos brutos; es decir que el arrendador se convierte en un "socio" que solamente se beneficia y no comparte los tiempos difíciles ni los riesgos propios del comercio.

El propietario-arrendador del inmueble ostenta la propiedad de un bien seguro, sin riesgos, cuya pertenencia lo protege de la inflación y la depreciación, de los avatares del mercado, que le genera una renta segura, y no conforme con esto, la nueva ley le permite meterse en el negocio sin sufrir merma de sus certezas, percibir una renta glorificada por una participación en las buenas épocas estacionales del negocio, sin invertir en el ni involucrarse en sus desventajas.

Esta ley de Regulación de Inmuebles para uso Comercial es la ley con enunciado socialista, pero en realidad la mas capitalista y hasta podría decirse que abusiva, que ha conocido el país. Es en resumen una ley capitalista promulgada en tiempos de socialismo.

Por otra parte es necesario señalar que no hay tal desestimulo a la construcción de carácter comercial, por el contrario, la constante disminución a la construcción habitacional privada, debido a legislaciones adversas, a problemas de financiamiento y otros problemas, ha provocado desde hace muchos años, quizás ya mas de sesenta años, que los recursos se hayan volcado a las edificaciones comerciales mas rentables, menos controladas por el Estado y con reglas que permiten con cierta agilidad tramitar judicialmente los conflictos entre arrendadores y arrendatarios.

XIX. CONCLUSIONES

Como aspecto positivo debo resaltar que salvo pocas excepciones, el lenguaje (destaco que no se hizo el uso abusivo del género femenino y masculino y que se obvió afortunadamente ese vicio idiomático), la redacción y la sobria utilización del idioma da un plus a una ley que no será fácil de aplicar, en parte porque el aspecto crucial de la fijación del alquiler de los locales comerciales nos remite a un asunto meramente técnico como es el establecimiento del "costo de reposición" del inmueble, y por otro lado debido a que las relaciones arrendador-arrendatario en el ámbito comercial siempre han sido tensas debido a que el arrendador quiere obtener la máxima rentabilidad de su local y el arrendatario quiere pagar lo mínimo posible para conseguir el máximo rendimiento de su negocio.

También debo considerar que la técnica legislativa utilizada fue la apropiada y sus títulos y capítulos siguen el mismo orden que la Ley de Arrendamientos Inmobiliarios de excelente factura.

En mi opinión esta ley fue diseñada, así como el Decreto 602 ya derogado, bajo la presión de los abusos que se estaban cometiendo contra los arrendatarios principalmente en los locales de los centros comerciales, a quienes además de cobrarles los alquileres y adicionalmente porcentajes sobre las ventas brutas, se les estaban cobrando cuotas de condominio sobre cuyos montos los arrendatarios no tenían ningún control ya que esos gastos venían siendo decididos unilateralmente por los dueños y los administradores de esos centros, y los llamados gastos de condominio podrían llegar a ser iguales y en algunos casos hasta superiores a los cánones de arrendamiento. A esta situación se había ya sumado la exigencia de la nueva Ley Orgánica del Trabajo, los Trabajadores y las Trabajadoras promulgada por vía habilitante por el Presidente Hugo Chávez[33] que obligó a estos comerciantes-arrendatarios a incrementar la nómina de empleados especialmente debido a la obligación de dar dos días de descanso consecutivos a sus empleados, el pago de horas extras y remuneraciones adicionales habida cuenta de los exigentes horarios de apertura y cierre de las tiendas y servicios de esos centros comerciales que no permitían operar con el mismo número de empleados, sino que se requieren mas trabajadores para cubrir los días domingos, feriados y horarios extendidos de los centros comerciales, lo cual evidentemente presiona sobre el alza de los costos de estos comercios, que sumado a los alquileres, los

---

[33] *Gaceta Oficial* 6.076 del 7 de mayo de 2012.

porcentajes sobre ventas brutas y los condominios comenzaban a exprimir los negocios hasta casi llegar a hacer inviables comercialmente esos establecimientos.

Pero, por otra parte, los representantes de los arrendadores lograron hacer contacto con quienes estaban redactando el dispositivo legal, apresurar su elaboración y promulgación con al menos tres objetivos inmediatos: **a.** Lograr la pronta derogatoria del Decreto 602 de noviembre de 2013 que había congelado los alquileres comerciales y los pagos de condominio y amenazaba la viabilidad de los centros comerciales al disminuir sus ingresos por mantenimiento; **b.** Favorecer la adopción de métodos de cálculo de los alquileres que permitieran la continuación de los cobros de rentas fijas basadas en avalúos sustentados en valores de reposición de los inmuebles, de porcentajes sobre ventas brutas y cánones mixtos, como ya se venía haciendo y no había estado previsto en ninguna ley anterior; y, **c.** continuar cobrando los gastos de condominio como obligación de los arrendatarios como ya se venía haciendo y terminar de una vez por todas con la discusión acerca de quien debía pagar los gastos condominiales.

Esos grupos se constituyeron en una presión constante sobre los responsables de presentar al Presidente de la República el proyecto de ley para ser promulgado bajo la Ley Habilitante que estaba vigente, y tuvieron éxito parcial en sus pretensiones. Aparentemente lograron sus dos primeros objetivos, pero el tercero fue moderado por el Ejecutivo Nacional al obligar a la formación de los Comités Paritarios de propietarios e inquilinos con capacidad para decidir sobre los gastos condominiales e impedir o al menos moderar la cantidad de gastos que se cargaban a los arrendatarios y enumerar cuales de ellos podían ser cobrados a estos inquilinos.

Así como la Ley para la Regularización y Control de los Arrendamientos de Vivienda fue redactada bajo la presión de las asociaciones de inquilinos, redes de arrendatarios y demás grupos siempre favorecedores de los arrendatarios y así salió esa ley y así ha sido su repercusión en la realidad del arrendamiento de viviendas en la actualidad y en la desaparición de la oferta de viviendas en alquiler, con esta de arrendamientos comerciales las presiones vinieron de parte de los arrendadores y administradores de los centros comerciales que lograron influir en forma eficiente en la redacción final de la ley, y yo le atribuyo a ese ascendiente el hecho revelador de no haberse incluido disposiciones específicas para los locales "a pie de calle" que han quedado regidos por una ley que no calza en sus características ni en sus requerimientos particulares.

Sin embargo el afán regulador e intervencionista del Estado se manifestó de diversas formas en el texto de la ley, como por ejemplo: por un lado señala que los alquileres se fijarán por acuerdo entre la partes pero los desacuerdos deberán ser dilucidados en el organismo administrativo, por crearse en ese momento, encargado especialmente de los arrendamientos comerciales que sería dependiente de la Superintendencia Nacional para la Defensa de los Derechos Socio Económicos (SUNDDE) que se rige y es el encargado de aplicar la Ley Orgánica de Precios Justos. También se destaca el deseo controlador del Estado al señalar que no se podrán decretar medidas preventivas de secuestro de un inmueble de uso comercial sin que se haya tramitado un procedimiento administrativo previo no determinado en la ley y que queda para el reglamento. Y así se pueden observar notables signos de control por parte del Poder Ejecutivo que pueden terminar por torcer el deseo de libertad de contratación de los grupos de presión integrados fundamentalmente por administradores de centros comerciales que fueron escuchados y sus propuestas tomadas en cuenta y volcadas en la redacción final de la ley.

Por otra parte esta ley olvidó y relegó a los locales comerciales que no se encuentran dentro de centros comerciales que podríamos denominar locales comerciales *a pie de calle*, ya que en su gran mayoría estos locales construidos antes del 2 de enero de 1987, tenían rentabilidades reguladas por la Dirección General de Inquilinato, desde el año 1960 con la Ley de Regulación de Alquileres y acorde con la Ley de Arrendamientos Inmobiliarios de 1999, y los locales de construcción mas reciente tenían cánones convenidos entre arrendadores y arrendatarios, calculados sobre la base de avalúos rentales sustentados en el valor actual del inmueble matizado por referenciales de operaciones inmobiliarias de compraventa de los últimos dos años y no sobre valor de reposición que es mucho mas alto; y los ajustes anuales del alquiler se regían por el Índice Nacional de Precios al Consumidor señalado por el Banco Central de Venezuela, o cuando este índice resultaba demasiado alto para ajustar el alquiler exactamente a este y debido a la actividad desempeñada en el local, se pactaba convencionalmente el ajuste entre las partes. Estos locales *a pie de calle* nunca fijaban su rentabilidad en base a sus ingresos brutos, salvo que en ellos, excepcionalmente, se instalara una franquicia que tuviera entre sus modalidades de contratación este tipo de rentabilidad.

Ahora con la nueva ley, estos miles de locales comerciales *a pie de calle* quedan a merced de una legislación diseñada para los centros comerciales, y presionados por los arrendadores a adoptar la fórmula de cálculo de la rentabilidad prevista para otro tipo de locales, acosados por quienes como arrendadores se benefician de una rentabilidad creciente de un inmueble al cual generalmente no le hacen reparaciones ni modernizaciones y se revalorizan por la inversión y productividad de los negocios regentados por los arrendatarios, y ahora pretenden, los arrendadores, cimentados y aupados por la nueva ley, hacerse socios del negocio instalado en el local, sin invertir en el y sin asumir ningún riesgo comercial, mediante una participación en el ingreso bruto; si el negocio no vende un determinado volumen siempre quedará el arrendador a salvo de la merma de su ingreso por alquiler con la porción fija de la rentabilidad arrendaticia y si el negocio prospera por la inversión y el esfuerzo del arrendatario, este tendrá que compartir su ganancia con el dueño del inmueble. Así pues el arrendador y principalmente el propietario del local además de poseer un bien inmueble que lo protege de la depreciación, lo ampara de la inflación, también puede, en virtud de la nueva ley, sin invertir dinero, riesgo ni trabajo, hacerse socio, pero no de las pérdidas, sino solamente de las ganancias del negocio.

Todo este panorama tiene un punto de quiebre, que no está en la Ley de Arrendamiento Comercial, sino en la Ley Orgánica de Precios Justos. Esta ley permite al Ejecutivo controlar la cadena de costos de las mercancías o los servicios que al final se ofrecen al detal en los locales objeto de la Ley de arrendamientos comerciales, y allí está la potestad del gobierno para fijar los costos de cada ingrediente de ese precio final, entre ellos el precio del alquiler del local.

Por lo tanto no valdrán alegatos de libertad de contratación ya que prevalecerá la facultad del Ejecutivo de fijar los precios de todos los ingredientes del precio final de las mercaderías y de los servicios, entre ellos los precios de los alquileres de los locales comerciales, en virtud de la incidencia definitiva y determinante que tienen los alquileres en el precio de venta de mercancías y servicios de todo tipo.

XX. RESPUESTAS A LAS PREGUNTAS MÁS FRECUENTES SOBRE ARRENDAMIENTO DE LOCALES COMERCIALES

¿Que debo hacer para alquilar un local de mi propiedad?

Debes poner el local en buenas condiciones y ofrecerlo en arrendamiento a un precio previamente consultado con "el mercado".

¿Cuál es el criterio para determinar si un local debe devengar un canon fijo, variable o mixto?

La ley no contiene un criterio diferenciador que permita señalar a cuáles inmuebles se les aplica un modelo de rentabilidad u otro. Dependerá del acuerdo entre las partes, que se fije una modalidad u otra.

¿Estoy obligado a celebrar un contrato escrito con mi inquilino?

Sí, la ley exige que se suscriba un contrato no solamente escrito sino también autenticado ante Notaría Pública (Art. 13).

¿Si ya tenía arrendado un local comercial bajo la vigencia de la ley anterior, que debo hacer ahora?

La nueva ley en su disposición transitoria primera ordena adecuar los contratos vigentes a las disposiciones de la nueva ley, dentro de los seis meses siguientes a su vigencia que se inició el 23 de mayo de 2014.

¿Si las partes no logran llegar a un acuerdo acerca del monto del alquiler a pagar, que deben hacer?

Deben acudir a la Unidad destinada a la atención de los Arrendamientos de Uso Comercial dependiente del Ministerio del Poder Popular para el Comercio, que debe trabajar en coordinación con la SUNDDE, a fin de que se lleve a cabo una conciliación y si esta no arroja el resultado de llegar a un acuerdo, este organismo deberá determinar el monto del alquiler.

¿Cuáles inmuebles se rigen por esta ley de arrendamiento comercial?

Se rigen todos los locales comerciales y de servicios, estén o no integrados a una edificación mayor, como el caso de los centros comerciales, y aunque formen parte de construcciones que incluyan inmuebles de otros usos, como viviendas, oficinas, estacionamientos, clínicas y hospitales, educacionales, quioscos, stands, minitiendas, etc. (Art. 2)

¿Cuáles inmuebles están excluidos de la aplicación de esta ley?

Están excluidos, las viviendas, oficinas, galpones, industrias, educacionales, consultorios médicos, clínicas y hospitales, quirófanos, residencias estudiantiles, depósitos, galpones, edificaciones turísticas o vacacionales, fincas rurales, terrenos sin construcciones (Art. 4).

¿Cuál es el órgano administrativo encargado de aplicar esta ley?

El Ministerio del Poder Popular para el Comercio con asistencia de la Superintendencia Nacional para la Defensa de los Derechos socio Económicos (SUNDDE) y ahora especialmente la Unidad destinada a la atención de los Arrendamientos de Uso Comercial creada por el Ministerio del Poder Popular para el Comercio (Art. 5)

¿Qué requisitos debe llenar el contrato de arrendamiento comercial para poder ser autenticado en Notaría?

Ese contrato debe contener como mínimo los siguientes requisitos:

a. Identificación completa de las partes, incluido su número de Registro de información fiscal.

b. Determinación detallada del inmueble (local y edificación dentro del cual se encuentra) con su área y características, servicios con que cuenta, inventario de bienes, etc.

c. Duración del contrato y sus prórrogas si las tuviere.

d. Valor de reposición del inmueble (establecido mediante un avalúo)

e. Modalidad elegida para el cálculo de la rentabilidad del local, si es renta fija, porcentaje sobre ventas brutas o renta mixta.

f. Cuenta bancaria en la cual se depositará el alquiler.

g. Obligaciones de cada una de las partes.

h. Tipo y alcance de la garantía que podrá ser depósito en efectivo o fianza hasta por el equivalente a tres meses de alquiler.

i. Deberán declararse explícitamente el apego a la Ley de Arrendamiento Inmobiliario de uso comercial.

¿Cuál puede ser la duración del contrato de alquiler comercial?

La ley señala un mínimo de un año, pero también permite los arrendamientos por temporadas, por ejemplo vacacionales, de carnaval, vuelta a clases, navidad, etc. (Art. 24)

¿Es obligatorio llevar el contrato para su aprobación previa a algún organismo administrativo?

No, siempre que haya acuerdo entre arrendador y arrendatario y se cumplan los requisitos de contenido del contrato, no es necesario que el contrato sea autorizado por ninguna autoridad.

¿Qué garantía puedo solicitar para garantizar el cumplimiento de las obligaciones del contrato de arrendamiento?

Se puede solicitar la constitución de un depósito en efectivo o fianza, ambas modalidades por un máximo de tres meses de alquiler (Art. 19)

¿Cómo se fija el monto del alquiler comercial?

La ley contempla tres modalidades para fijar el monto del alquiler. La primera es un canon de arrendamiento fijo basado en el cálculo del 12% anual del "costo de reposición" del inmueble. La segunda se calcula en base a un porcentaje entre el 1 y el 8% sobre las ventas brutas del negocio instalado en el local. La tercera es una modalidad mixta que contempla un canon fijo mas un porcentaje sobre las ventas brutas del negocio, con la particularidad de que esa porción fija no puede ser superior al 50% de lo que sería un canon fijo, y que si en algún mes la porción variable del canon supere el doble del canon fijo, se recibirá como alquiler únicamente la porción variable.

¿Cómo se puede ajustar el canon de arrendamiento?

Pasado un año de firmado el contrato o de su ajuste, se calculará un porcentaje de aumento del alquiler con base en el rubro "Bienes y servicios diversos" que publica en Banco Central de Venezuela junto con el Índice Nacional de Precios al Consumidor.

¿Puedo recibirle al pago del alquiler directamente al inquilino o el arrendatario tiene que depositar en una cuenta bancaria?

Según el artículo 27 de la ley, el arrendatario debe pagar mediante depósito en cuanta bancaria a nombre del arrendador, cuenta que debe permanecer abierta durante toda la duración del contrato. Ahora bien, por su parte el arrendador está obligado por la legislación fiscal a expedirle al arrendatario una factura fiscal que refleje que ha pagado el alquiler y el porcentaje del Impuesto al Valor agregado (IVA) que le corresponde, que en la actualidad es del 12%. Esto plantea la dificultad de que el arrendador antes de emitir la factura fiscal debe verificar si el alquiler y el IVA ha sido debidamente depositado.

¿Si el inquilino venía depositando el alquiler en un Juzgado de Municipio y luego pasó a depositarlo en la Oficina de Control de Consignaciones de Arrendamientos Inmobiliarios (OCCAI) en el Área Metropolitana de Caracas, que debo hacer para rescatar esos alquileres y seguir recibiendo los nuevos arrendamientos?

Los cánones de arrendamiento que, en el Área metropolitana de Caracas, se habían depositado en el Juzgado 25° de Municipio pasaron a la Oficina de Control de Consignaciones de Arrendamientos Inmobiliarios; así pues para rescatar esos alquileres se debe acudir a esa Oficina ubicada en la Avenida principal de Los Cortijos de Lourdes en Caracas, y solicitar el retiro de esos alquileres. Ahora bien, una vez promulgada la Ley de Arrendamientos Inmobiliarios de Uso Comercial, ya esa oficina no es competente para recibir cánones de arrendamiento, habría dos soluciones posibles: A) Que arrendador y arrendatario acordaran el pago mediante depósito en una cuenta bancaria a nombre de aquel; o b) Que el arrendatario acuda a la Unidad destinada a la atención de los Arrendamientos de Uso Comercial creada por el Ministerio del Poder Popular para el Comercio, ubicada en Caracas, en la Torre Oeste de Parque Central, 13° piso, a fin de informarse sobre la cuenta que debe poner a disposición de los arrendatarios ese organismo (Art. 27, 3er aparte)

¿En los contratos comerciales existe la prórroga legal?

Si, una vez vencido el contrato de arrendamiento y siempre que el inquilino esté solvente y dispuesto a pagar los ajustes del canon de arrendamiento que correspondan según el contrato, comienza automáticamente a correr la prórroga legal dentro de estos plazos:

Si el contrato ha durado entre 6 meses y un año, la prórroga será de seis meses, si ha durado entre 1 año y 5 años, durará un año, si ha durado entre 5 y 10 años durará dos años y si ha durado más de 10 años durará tres años.

¿Cómo hago para desalojar a un inquilino?

La ley contempla nueve causas de desocupación, entre las cuales están:

a. La falta de pago de dos cánones de arrendamiento y/o dos cuotas de condominio.

b. Que el inquilino haya destinado el inmueble a usos no conformes con el contrato, indebidos, deshonestos o contrarios a las normas de convivencia ciudadana.

c. Que el inquilino haya causado al inmueble deterioros mayores de los provenientes de su uso normal o haya realizado reformas no autorizadas.

d. Que el inquilino haya cambiado el uso del inmueble en contravención con normas municipales o del documento o reglamento de condominio.

e. Que el inmueble vaya a ser demolido o amerite reparaciones mayores que exijan la desocupación.

f. Que el inquilino haya cedido o traspasado total o parcialmente el inmueble.

g. Que haya vencido el contrato, no haya prórroga ni sea procedente la prórroga legal o esta se haya vencido.

h. Que se agote el plazo del inquilino para dar respuesta a su preferencia para comprar y se venda el inmueble a un tercero.

i. Que el inquilino incumpla sus obligaciones legales, contractuales, condominiales o disposiciones del Comité Paritario de Administración del Condominio.

Por cualquiera de estas causales se puede exigir, incluso judicialmente, la desocupación de un local comercial.

¿Qué es el Comité Paritario de Administración de Condominio?

Es un organismo novedoso creado por esta ley (Art. 35) que esté bajo régimen de propiedad horizontal u otro de propiedad colectiva, integrado en cantidad igual pro propietarios y arrendatarios, que deberá administrar los gastos comunes y determinar cuales de ellos deberán ser sufragados por los arrendatarios en la proporción de sus porcentajes de condominio en la edificación de que forman parte.

Las decisiones de este Comité son obligatorias para los arrendatarios y propietarios y su incumplimiento acarrea sanciones o incluso la resolución del contrato de arrendamiento por incumplimiento.

¿Cuáles son los gastos comunes que deben pagar los arrendatarios?

Esos gastos deben ser los que correspondan a mantenimiento y conservación del inmueble del cual forman parte, aseo y limpieza, recolección y disposición de desechos sólidos, agua potable, energía eléctrica, vigilancia, reparación y mantenimiento de maquinarias y equipos, gastos de administración, gastos de mercadeo o propósitos especiales y cualesquiera otros que mejoren o hagan posible su funcionamiento.

¿Los inquilinos de locales comerciales tienen preferencia para adquirir la propiedad de los locales?

Sí, cuando el propietario decide vender debe ofrecerle el local en venta al inquilino en primer término, quien tendrá quince días para manifestar su aceptación o rechazo a la oferta y el propietario deberá mantener la oferta durante un plazo no menor de tres meses para comprar.

Para que el inquilino tenga este derecho debe terne al menos dos años en el inmueble y estar solvente en el pago de sus obligaciones de alquiler y condominio. En caso que el arrendatario no responda dentro del plazo, el propietario queda en libertad de vender a un tercero.

¿En caso que no se respete la preferencia del inquilino a comprar, que puede hacer este?

En este caso el arrendatario tiene un plazo de seis meses, contados desde que tenga noticia de la negociación con un tercero, para demandar en tribunales el ejercicio de su derecho de retracto que significa la petición de anulación de la venta para sustituirse en la negociación como comprador, en las mismas condiciones.

¿Qué leyes se aplican actualmente a los arrendamientos comerciales?

Únicamente se aplica en Código Civil, la Ley de Regulación del Arrendamiento Inmobiliario para el uso comercial y las disposiciones de carácter sublegal, como el Reglamento de esta ley (que no ha sido dictado hasta ahora) y Resoluciones, Instructivos, Providencias u otros actos administrativos del Ministerio para el Comercio.

Si el arrendatario desea comprar el local y el propietario no quiere venderlo, ¿que puede hacer el arrendatario para que se lo venda?

La ley establece la preferencia del arrendatario cuando el propietario decide vender, pero no la obligación del propietario de vender.

Si el arrendador no quiere recibir el canon de arrendamiento ni ha abierto la cuenta bancaria para depositarle, ¿Qué puede hacer el inquilino para pagar y mantenerse solvente?

El segundo aparte del artículo 27 de la ley señala que para estos casos, la Unidad en materia de arrendamiento de uso comercial deberá tener una cuenta a disposición de los arrendatarios para que depositen en ella en favor del arrendador.

¿La ley de arrendamiento inmobiliario de uso comercial contiene previsión acerca del reintegro de sobrealquileres?

Sí, el artículo 34 de la ley señala que no solamente los sobrealquileres sino cualquiera otra cantidad pagada por conceptos contrarios a la ley está sometido a reintegro, cuyo reclamo prescribe a los dos años.

TEXTO DE LEY

Ley de Regulación del Arrendamiento Inmobiliario para el uso Comercial

(Gaceta Oficial N° 40.418 del 23 de mayo de 2014)

Ley de Regulación del Arrendamiento Inmobiliario para el uso Comercial

(Gaceta Oficial Nº 40.418 del 23 de mayo de 2014)

REPÚBLICA BOLIVARIANA DE VENEZUELA
PRESIDENCIA DE LA REPÚBLICA

EXPOSICIÓN DE MOTIVOS

DECRETO CON RANGO, VALOR Y FUERZA DE LEY DE REGULACIÓN DEL ARRENDAMIENTO INMOBILIARIO PARA EL USO COMERCIAL

Buena parte de las actividades económicas que permiten facilitar el acceso de los venezolanos y venezolanas a bienes y servicios se desempeñan en establecimientos adecuados de manera especial para la venta de productos o la prestación del servicio. Estos establecimientos se ubican en inmuebles cuyas características, uso y destino difieren de las que detentan otras edificaciones, como las viviendas y la infraestructura pública.

Por lo anterior, quienes desempeñan actividades comerciales o de servicios necesitan acceder al sector inmobiliario, cuyo comportamiento es distinto al de los propios sectores comercial, industrial y de servicios. Tradicionalmente, los propietarios de inmuebles procuran obtener una renta sobre la base del capital representado en sus edificaciones, bien desempeñando en ellos alguna actividad productiva, o dándolos en alquiler a terceros para que éstos desempeñen tales actividades, a cambio de una remuneración, proporcional al "valor" del inmueble, considerada su vida útil.

Sin embargo, es evidente que el sector inmobiliario Nacional, especialmente el dedicado al arrendamiento con fines comerciales o de servicios ha tenido en los últimos años un comportamiento especulativo, procurando una participación mayoritaria en los beneficios obtenidos por quienes desempeñan las actividades verdaderamente productivas, argumentando el aumento de los costos de construcción y, por ende, del valor "real" de sus inmuebles, a pesar de un escenario en el que la gran mayoría de los materiales e insumos de construcción están sometidos a regulaciones de precio justo y las importaciones de maquinarias y equipos exoneradas de tributos nacionales.

Ante situaciones como éstas, es deber ineludible del Estado venezolano procurar el equilibrio entre las partes del juego económico, estableciendo regulaciones que permitan crear la igualdad ante la Ley que consagra el texto constitucional, que no es otra que aquella que permite iguales condiciones de desarrollo y de participación en el acceso a la riqueza nacional, a través de mecanismos de compensación de diferencias que otorgan al sujeto menos favorecido una protección especial, permitiendo el libre desenvolvimiento de las relaciones económicas particulares en una verdadera situación de equilibrio.

Así, los estudios, análisis y debates con los distintos sectores, llevadas a cabo por el Gobierno Bolivariano permitieron identificar una alta e importante incidencia del costo por arrendamiento inmobiliario en las estructuras de costo de los prestadores de servicios y oferentes de bienes, principalmente en los grandes centros comerciales. Este alto costo no tiene justificación alguna considerando que la renta que resulta del arrendamiento inmobiliario tiene su origen en la acumulación de capital, y no en un actividad realmente productiva que genere trabajo y, por tanto, riqueza.

En tal sentido resultó, conclusión necesaria ordenar las relaciones que vienen estableciéndose entre comerciantes y propietarios de los inmuebles destinados al uso comercial, a fin de hacer claras, transparentes y estables las reglas de tales relaciones, impidiendo así que en situaciones de baja oferta de inmuebles o restricción de la oferta por razones de ubicación o prácticas desleales, los propietarios de las edificaciones, principalmente los grandes propietarios de establecimientos en multipropiedad, se encontrarán en una situación de ventaja frente al comerciante.

Por otro lado, así como el arrendatario requiere esa protección especial, la reconstrucción y bienestar del sector inmobiliario depende en buena medida de reglas claras, y de un régimen jurídico y administrativo que impida que las prácticas aisladas de incumplimiento intencional, fraudes y otras desviaciones de los arrendatarios desmotiven la construcción de establecimientos para el uso comercial y de servicios, su adecuación y mantenimiento.

De esta manera, el sistema de arrendamientos inmobiliarios se complementa con funciones suficientes a cargo de un órgano especializado en la actividad comercial, mejorando la actuación administrativa, el control y el estímulo estatal. Así, la protección a las partes, las reglas claras y un mejor desempeño institucional, promoverán un empuje consistente en el sector de arrendamientos inmobiliarios de uso comercial y de servicios.

Las labores de fiscalización y control dirigidas a detectar conductas irregulares que perturben el normal desenvolvimiento de la economía nacional, han sido normadas de manera especial en el instrumento presentado en esta ocasión, incorporando fórmulas de participación democrática como los Comités Paritarios de Administración de Condominio, instancias de coordinación entre propietarios y arrendatarios que permitirá la toma consensuada de decisiones, favorables de forma equitativa para todas las partes. Estas fórmulas participativas garantizan la construcción del socialismo en sectores donde tradicionalmente se pensó que las particularidades de las relaciones sociales de producción entre los sujetos del sector impedirían la práctica socialista. Ello demuestra que la suprema felicidad social del pueblo, la sociedad igualitaria, incluyente, productiva, humanista y el desarrollo de todas y de todos es posible en todos los sectores y actividades, sustentado en el rol del Estado democrático y social de derecho y justicia, consagrado en la Constitución de la República Bolivariana de Venezuela.

El presente Decreto Ley, establece las condiciones y procedimientos para regular y controlar la relación entre arrendadores y arrendatarios para el arrendamiento de inmuebles destinados al uso comercial, en procura de las relaciones arrendaticias justas y socialmente responsables en aras de garantizar y proteger los intereses de las venezolanas y venezolanos.

Este Decreto Ley se estructura en diez (10) capítulos y cuarenta y cuatro (44) artículos, seis (06) Disposiciones Transitorias, dos (02) Disposiciones Derogatorias y una (01) Disposición Final, distribuidos de la siguiente manera:

Capítulo I: DISPOSICIONES GENERALES, contentivo del objeto, ámbito de aplicación, el órgano y ente responsable del cumplimiento de las disposiciones establecidas en el Decreto Ley.

Capítulo II: DE LA RELACIÓN ARRENDATICIA, relativa al vínculo de carácter convencional que se establece entre el arrendador del inmueble destinado al comercio, así como los deberes y derechos generados en razón de dicha relación.

Capítulo III: GARANTÍAS, establece que el arrendador podrá exigir al arrendatario garantías en respaldo de las obligaciones asumidas por éste, protegiendo a los sujetos de aplicación del Decreto Ley.

Capítulo IV: DE LOS CONTRATOS, prevé los requisitos, estipulaciones que deben contener los mismos, así como la prorroga legal ante el vencimiento del contrato.

Capítulo V: DE LOS CÁNONES, SU PAGO Y FIJACIÓN, donde establece que se efectuará el canon de arrendamiento, el plazo de prescripción, la obligación por parte del arrendador de entregar una factura legal y el método para la fijación del canon de arrendamiento.

Capítulo VI: DE LOS SOBREALQUILERES Y GASTOS CONDOMINIALES, establece que todo lo que se cobre en exceso del canon máximo establecido, o lo cobrado por conceptos contrarios a este Decreto Ley, quedará sujeto a reintegro por parte del propietario, arrendador o recaudador.

Capítulo VII: DE LA PREFERENCIA OFERTIVA Y EL RETRACTO LEGAL ARRENDATICIO, se regula lo relativo a la venta del inmueble destinado al uso comercial, previendo que la preferencia ofertiva la tenga el arrendatario, así como lo relativo al retracto legal en razón la violación de dicha preferencia.

Capítulo VIII: DE LOS DESALOJOS Y PROHIBICIONES, prevé las causales de desalojo y las prohibiciones.

Capítulo IX: DEL PROCEDIMIENTO JUDICIAL, se establece la competencia a los Juzgados de Municipio, en relación a los actos administrativos que emanen del órgano rector en la materia.

Capítulo X: SANCIONES, se establece que los sujetos de aplicación del Decreto Ley que incumplan con las estipulaciones previstas, serán sancionados por el órgano rector en la materia, o la instancia bajo su adscripción que este designe mediante multas.

DISPOSICIONES TRANSITORIAS, se regula lo relativo al régimen transitorio a los contratos, se suspende la ejecución de medidas cautelares, se ordena la supresión de la Dirección General de Inquilinato del Ministerio del Poder Popular para Vivienda y Hábitat.

DISPOSICIONES DEROGATORIAS, se derogan todas las normas que coliden con lo dispuesto en el presente Decreto Ley.

DISPOSICIONES FINALES, se establece la entrada en vigencia del Decreto Ley.

El presente Decreto Ley, definitivamente, sentará las bases normativas necesarias para garantizar el fortalecimiento de este sector arrendaticio, mejorar las relaciones entre los sujetos que participan en él y proteger el bolsillo de las venezolanas y los venezolanos contra las prácticas especulativas y el enriquecimiento indiscriminado de determinados sectores, en detrimento de la calidad de vida de los más necesitados. Este Decreto Ley contribuirá, así, a la construcción de la sociedad justa, igualitaria y productiva que transita hoy el camino del socialismo.

Decreto N° 929 - 24 de abril de 2014

NICOLÁS MADURO MOROS
Presidente de la República

Con el supremo compromiso y voluntad de lograr la mayor eficacia política y calidad revolucionaria en la construcción del socialismo bolivariano, la refundación de la nación Venezolana, basado en principios humanistas, sustentado en condiciones morales y éticas que persiguen el progreso de la Patria y del colectivo, por mandato del Pueblo, de conformidad con lo establecido en el artículo 226 de la Constitución de la República Bolivariana de Venezuela; y en ejercicio de las atribuciones que me confieren los numerales 8 y 20 del artículo 236 *ejusdem*, en concordancia con lo dispuesto en los literales "a" y "c" del artículo 2° de la Ley que Autoriza al Presidente de la República para dictar Decretos con Rango, Valor y Fuerza de Ley en las Materias que se delegan, en Consejo de Ministros,

DICTO

El siguiente,

DECRETO CON RANGO, VALOR Y FUERZA DE LEY DE REGULACIÓN DEL ARRENDAMIENTO INMOBILIARIO PARA EL USO COMERCIAL

Capítulo I
Disposiciones Generales

Artículo 1

El presente Decreto con Rango, Valor y Fuerza de Ley, rige las condiciones y procedimientos para regular y controlar la relación entre arrendadores y arrendatarios, para el arrendamiento de inmuebles destinados al uso comercial.

Artículo 2

A los fines de la aplicación e interpretación del presente Decreto Ley, se entenderá por "inmuebles destinados al uso comercial", aquellos en los cuales se desempeñen actividades comerciales o de prestación de servicios como parte del giro ordinario del establecimiento que allí funciona, independientemente de que dicho inmueble constituya una unidad inmobiliaria por sí solo, forme parte de un inmueble de mayor magnitud, o se encuentre anexado a éste.

Se presumirá, salvo prueba en contrario, que constituyen inmuebles destinados al uso comercial los locales ubicados en centros comerciales, en edificaciones de viviendas u oficinas, o en edificaciones con fines turísticos, de uso médico asistencial distintos a consultorios, laboratorios o quirófanos, o educacional, así como los que formaren parte, sin ser solo depósitos, de un galpón o estacionamiento. Se presumirán además inmuebles destinados al uso comercial los quioscos, stands, y establecimientos similares, aun cuando éstos no se encuentren unidos de manera permanente al inmueble donde funcionan o se ubiquen en áreas de dominio público.

Artículo 3

Los derechos establecidos en este Decreto Ley son de carácter irrenunciable, por ende, todo acto, acuerdo o acción que implique renuncia, disminución o menoscabo de alguno de ellos, se considera nulo. En la aplicación del presente Decreto Ley, los órganos o entes administrativos, así como los tribunales competentes, podrán desconocer la constitución de sociedades, la celebración de contratos y, en general, la adopción de formas y negocios jurídicos, mediante los cuales se pretenda evadir la naturaleza jurídica arrendaticia de la relación o el carácter comercial del inmueble arrendado, debiendo prevalecer siempre la realidad sobre las formas.

Artículo 4

Quedan excluidos de la aplicación de este Decreto Ley, los inmuebles no destinados al uso comercial, tales como: viviendas, oficinas, industrias, pensiones, habitaciones, residencias estudiantiles, inmuebles destinados a alojamiento turístico o de temporadas vacacionales, fincas rurales y terrenos no edificados.

Artículo 5

El Ministerio con competencia en materia de Comercio, con asistencia de la Superintendencia Nacional para la Defensa de los Derechos Socio Económicos (SUNDDE), ejercerá la rectoría en la aplicación de este Decreto Ley y en conjunto crearán las instancias necesarias para su aplicación. Corresponde al Ministerio con competencia en materia de Comercio la regulación sectorial del arrendamiento de inmuebles destinados al comercio, a partir de las disposiciones del presente Decreto Ley, y de los reglamentos que se dictaren en ejecución del mismo. Cuando alguna norma incida en la materia competencia de otra instancia o Ministerio del Poder Popular, podrá ser objeto de regulación conjunta. En ejercicio de la atribución otorgada en el presente artículo, el Ministerio con competencia en materia de comercio podrá dictar regulaciones especiales para ciertas categorías de inmuebles destinados al comercio, o bien para categorías de arrendatarios o arrendadores con características particulares. Dichas regulaciones no podrán contrariar lo establecido en el presente Decreto Ley y procurarán el desarrollo de éste, o de los reglamentos dictados con fundamento en el presente.

Capítulo II
De la Relación Arrendaticia Deberes y Derechos

Artículo 6

La relación arrendaticia es el vínculo de carácter convencional que se establece entre el arrendador del inmueble destinado al comercio, en su carácter de propietario, administrador o gestor del mismo, y el arrendatario, quien toma dicho inmueble en arrendamiento para ejecutar en él actividades de naturaleza comercial, generen éstas lucro, o no.

Cuando el propietario del inmueble no fuere su arrendador, será solidariamente responsable, respecto de las obligaciones de la relación arrendaticia, conjuntamente con el administrador, gestor, mandante, recaudador o subarrendador, sin perjuicio de los negocios jurídicos que éstos hubieren celebrado o acordado.

La relación arrendaticia genera para las partes un conjunto de obligaciones y derechos de carácter personal, en las cuales prevalecerá, en el orden que se indica:

1. Las disposiciones del presente Decreto Ley.

2. Los reglamentos que desarrollen el presente Decreto Ley.

3. Las disposiciones contenidas en instrumentos normativos de rango sublegal, de carácter general, que fueren dictadas por el Ministerio con competencia en materia de comercio, de conformidad con lo dispuesto en el presente Decreto Ley.

4. Los contratos, acuerdos o convenciones establecidos de mutuo acuerdo por las partes, mediante la manifestación fehaciente de voluntad de las mismas. En tal sentido, no tendrán validez alguna las disposiciones establecidas en contratos de adhesión.

Artículo 7

En todo lo relacionado con los contratos de arrendamiento a suscribir, se procurará el equilibrio y acuerdo entre las partes. En caso de dudas o controversias, cualquiera de las partes podrá solicitar la intervención de la Superintendencia Nacional para la Defensa de los Derechos Socio Económicos (SUNDDE).

Artículo 8

Los arrendadores de inmuebles de uso comercial, están en la obligación de entregarlos en buen estado de mantenimiento y conservación, y solventes en servicios públicos domiciliarios, al inicio de la relación arrendaticia. A su vez, culminada la relación arrendaticia, el arrendatario deberá entregar el inmueble en las mismas condiciones en que lo recibió, salvo lo originado por casos fortuitos o de fuerza mayor.

Artículo 9

La parte que causare un daño malicioso al bien inmueble arrendado durante la vigencia de la relación arrendaticia, estará obligada a efectuar las reparaciones que se originen por estos daños. En caso de comprobarse el daño malicioso, el afectado podrá acudir a la vía jurisdiccional o administrativa y solicitar el inicio del procedimiento correspondiente.

Artículo 10

El arrendador tiene la obligación de garantizar el uso y goce pacífico del inmueble al arrendatario durante el tiempo del contrato.

Artículo 11

El arrendador está obligado a cubrir los costos de las reparaciones mayores de locales bajo régimen de arrendamiento, a menos que el daño sea imputable al arrendatario.

El arrendatario está en la obligación de notificar dentro de los tres (3) días siguientes a la detección de la falla, al arrendador los daños que afectaren al inmueble, cuando éstos no pudieren ser del conocimiento del arrendador.

Artículo 12

Las mejoras que se realicen en el inmueble comercial para adecuarlo al uso sólo serán consideradas previo acuerdo entre las partes, y los gastos en que se incurra serán por cuenta del arrendatario. Los bienes muebles contenidos en el local serán propiedad de quien demuestre haber asumido su costo.

Artículo 13

El arrendatario tiene el derecho a que se le elabore un contrato escrito y autenticado, el arrendador está obligado a hacerlo considerando las pautas establecidas en este Decreto Ley.

Artículo 14

El arrendatario está en la obligación de pagar al arrendador el canon de arrendamiento, según la cantidad y oportunidad que se haya fijado debidamente en el contrato, de acuerdo con lo estipulado en este Decreto Ley.

Artículo 15

El arrendatario no estará obligado a pagar primas por cesión; traspaso; arriendo; por venta de punto comercial; o aceptar como condición la compra de bienes muebles que se encuentren en el local que se pretende arrendar, para la suscripción del contrato, a menos que el arrendatario manifieste su interés en adquirir dichos bienes muebles.

Artículo 16

El arrendatario no podrá modificar el uso, rubro comercial, denominación y/o marca, establecidos en el respectivo contrato de arrendamiento. Cuando, por la naturaleza del inmueble, condiciones propias de la actividad comercial o conveniencia de las partes, el arrendamiento del inmueble de uso comercial comprenda la obligación de vender ciertos bienes o prestar ciertos servicios, las partes acordarán lo conducente, pero el arrendatario no podrá ser obligado o limitado a vender productos o prestar servicios de determinadas marcas comerciales o adquiridos a determinados proveedores. Dicha prohibición alcanzará también a la adquisición de bienes o contratación de servicios necesarios para el mantenimiento, reparación, cuido u ornato del inmueble, salvo que así lo hubiese decidido el Comité Paritario de Administración de Condominio.

Artículo 17

Se prohíbe cobrar cánones de arrendamientos que no sean aquellos calculados según los métodos que este Decreto Ley ofrece. Los arrendadores que haciendo uso de la necesidad del arrendatario no cumplan con el presente artículo, serán sancionados con la multa establecida en el artículo 44 del presente Decreto Ley, sin perjuicio del derecho que le asiste al arrendatario de iniciar los procedimientos establecidos en el presente Decreto Ley.

Artículo 18

El contenido y vigencia del contrato contentivo de las normas de la relación arrendaticia no sufrirán derogación o modificación alguna por el cambio de arrendador, como consecuencia de la transferencia de propiedad o administración del inmueble comercial, salvo que el arrendatario manifestare expresamente y por escrito su voluntad de dar por terminada la relación arrendaticia como consecuencia del cambio de arrendador, caso en el cual podrá invocar la culminación anticipada del plazo del contrato por motivos imputables al arrendador.

Capítulo III
Garantías

Artículo 19

El arrendador podrá exigir al arrendatario garantías en respaldo de las obligaciones asumidas por éste. Estas podrán ser mediante depósito en efectivo o fianza. En ningún caso podrán coexistir ambos tipos de garantías.

Cuando se constituya depósito en dinero éste no podrá exceder el equivalente a tres meses (03) del canon de arrendamiento establecido, y deberá acreditarse en una cuenta bancaria exclusiva para esos fines a nombre del arrendador. Los intereses que se produzcan corresponderán al arrendatario, a menos que sean requeridos en ejecución de la garantía y, en todo caso, serán acumulados en la cuenta referida.

Cuando se constituya una fianza de fiel cumplimiento, esta no podrá exceder el equivalente a tres (3) meses del canon de arrendamiento establecido, y deberá ser emitida por una institución debidamente reconocida. En ningún caso, el arrendador podrá realizar cobro adicional por este concepto.

El órgano o ente competente en materia de la actividad aseguradora podrá emitir las normas que estime pertinentes y aprobará los modelos de contrato de fianza, para la correcta implementación de lo dispuesto en el presente artículo.

Artículo 20

Finalizada la relación arrendaticia, el arrendatario restituirá la posesión del inmueble arrendado al arrendador, en las mismas condiciones en que lo recibió, considerando la depreciación y desgaste propios del uso normal del inmueble. Si al momento de la recepción del inmueble hubiere obligaciones insolutas por parte del arrendatario respecto del contrato de arrendamiento, las partes podrán acordar de manera consensuada la forma de cumplimiento o pago de tales obligaciones. Si el consenso no fuera posible, las partes podrán acudir al proceso jurisdiccional.

Artículo 21

Dentro de los quince (15) días continuos siguientes al término de la relación arrendaticia, o del día del cumplimiento de la última de las obligaciones pendientes, si las hubiere, el arrendador deberá reintegrar al arrendatario la suma recibida como garantía, más los intereses que se hubieren causado hasta la fecha del reintegro, o liberar la fianza de fiel cumplimiento, en caso de incumplimiento se acudirá a la vía jurisdiccional.

Artículo 22

Cuando la relación arrendaticia no pudiera ser objeto de finiquito entre las partes, por obligaciones insolutas de cualquiera de ellas, se procederá de la siguiente manera:

1.	Si el arrendador omitiere o se negare injustificadamente a restituir la garantía o liberar la fianza de fiel cumplimiento al arrendatario dentro del plazo establecido en el artículo anterior, se generarán, respecto del monto de la garantía, intereses a la tasa activa más alta del sector bancario de conformidad con la Información del Banco Central de Venezuela. Dichos intereses se calcularán sobre la base del monto de la fianza.

Si la garantía se hubiere consignado en efectivo y no hubiera sido depositada en cuenta bancaria que genere intereses, el arrendador tendrá la obligación de devolver al arrendatario el monto consignado más los intereses generados, aplicando la tasa activa más alta del sector bancario, conforme a la información disponible a través del Banco Central de Venezuela.

En caso de discordia, será la SUNDDE la que determine el monto total a reintegrar, a solicitud de parte interesada.

2.	Si las obligaciones insolutas fueren imputables al arrendatario, los montos calculados conforme al numeral anterior corresponderán al arrendador, el cual podrá solicitar a la SUNDDE autorice su retención o acudir a la vía judicial requiriendo la ejecución de la fianza.

3.	Cuando el arrendatario se negare a desocupar el inmueble, a pesar del término del plazo de la relación arrendaticia, el arrendador tendrá derecho a percibir por cada día transcurrido, el precio diario del arrendamiento, más una cantidad adicional equivalente al cincuenta por ciento (50%) de dicho monto, hasta la restitución definitiva del inmueble. La cantidad resultante, a la fecha de la restitución efectiva del inmueble, podrá ser imputada a la garantía, la cual se ejecutará en los términos dispuestos en este Decreto Ley.

Artículo 23

Cuando el arrendador se negare, sin causa real y sin justificación, a reintegrar el depósito con sus respectivos intereses, el arrendatario podrá acudir a la vía jurisdiccional para hacer valer sus derechos.

Capítulo IV
De los Contratos

Artículo 24

El contrato de arrendamiento contendrá, al menos, las especificaciones físicas del inmueble arrendado y de la edificación que lo contiene; la duración será mínima de un (01) año, excepto cuando la actividad a desarrollar esté enmarcada en temporadas específicas, entonces el lapso podrá ser menor, no pudiendo ajustar el canon de arrendamiento si se diera continuidad o prórroga, a menos que supere un año, de acuerdo a lo establecido en el artículo 33 del presente Decreto Ley; el valor del inmueble, el canon de arrendamiento y la modalidad de cálculo adoptada; las obligaciones del arrendador y del arrendatario. Además, deberá señalar expresamente su apego a las consideraciones establecidas en este Decreto Ley.

Artículo 25

Al vencimiento del contrato, si el propietario pretende mantener en condición de arrendamiento el inmueble, en el mismo rubro comercial, el arrendatario tendrá un derecho preferente a arrendarlo, siempre y cuando esté solvente en el pago de los cánones de arrendamiento y condominio, haya cumplido con las demás obligaciones derivadas del contrato y de las leyes, y esté de acuerdo con los ajustes necesarios de acuerdo con lo estipulado en este Decreto Ley.

Artículo 26

Al vencimiento de los contratos de arrendamiento con plazos de seis (06) meses o más, el arrendatario tendrá derecho a optar por una prórroga legal que será obligatoria para el arrendador y optativa para el arrendatario, según las siguientes reglas:

Duración de la relación arrendaticia	Prórroga máxima
Hasta un (1) año	6 meses
Más de un (1) año y menos de cinco (5) años	1 año
Más de cinco (5) años y menos de diez (10) años	2 años
Más de diez (10) años	3 años

Durante el lapso de prórroga legal, la relación arrendaticia se considerará a tiempo determinado, y permanecerán vigentes las mismas condiciones, estipulaciones y actualizaciones de canon, convenidos por las partes en el contrato vigente, salvo las variaciones del canon de arrendamiento que sean consecuencia de un procedimiento de regulación.

Capítulo V
De los Cánones, su Pago y Fijación

Artículo 27

El pago del canon de arrendamiento se efectuará en una cuenta bancaria cuyo único titular sea el arrendador, la cual no podrá ser clausurada durante la relación arrendaticia.

Los datos correspondientes a la cuenta bancaria deberán ser establecidos en el contrato de arrendamiento.

En caso de cambio o modificación de la cuenta bancaria, el arrendador deberá, con quince (15) días antes de la fecha de pago, participar al arrendatario los datos de la nueva cuenta bancaria o de las modificaciones que se hubieren efectuado.

Si el arrendatario no pudiese efectuar el pago por causas imputables al arrendador, a la entidad bancaria, o por fuerza mayor, podrá consignar los montos correspondientes en la cuenta que a tal efecto pondrá a disposición de los arrendatarios el organismo competente en materia de arrendamientos de inmuebles destinados al uso comercial.

Estos montos sólo podrán ser retirados a solicitud expresa del arrendador.

Artículo 28

Vencido el plazo de dos (02) años sin que el arrendador requiriera las cantidades consignadas por el arrendatario a su favor conforme el aparte último del artículo anterior, prescribirá su derecho a solicitarlas, quedando dichas cantidades a la disposición del organismo competente en materia de arrendamiento de inmuebles destinados al uso comercial, para ser utilizadas de acuerdo a lo establecido en el reglamento respectivo.

Artículo 29

A los fines del cálculo del plazo de prescripción, se aplicarán las siguientes normas sobre suspensión e interrupción de la prescripción:

1. La prescripción se interrumpe de la siguiente manera:

a) Por cualquier actuación del arrendador ante el organismo competente en materia de arrendamiento de inmuebles destinados al uso comercial, solicitando las cantidades a su favor.

b) Por cualquier acto formal del arrendador que pretenda ejercer el derecho de recibir las cantidades a su favor, ante la jurisdicción contenciosa.

c) Interrumpida la prescripción, comenzará a computarse nuevamente al día siguiente de aquél en que se produjo la interrupción.

2. El cómputo del plazo de la prescripción se suspende:

a) Por la interposición de solicitudes o recursos administrativos o judiciales, que tengan por objeto la relación arrendaticia con ocasión de la cual fueron consignadas las cantidades a su favor, hasta sesenta (60) días después que se adopte resolución o sentencia definitiva sobre los mismos, u opere el silencio administrativo, de ser el caso.

b) Por decisión o auto judicial que ordene la suspensión del plazo de prescripción hasta el cumplimiento de un plazo o condición.

Artículo 30

El arrendador queda obligado a entregar al arrendatario una factura legal por concepto de pago recibido a cuenta del arrendamiento contratado. La factura deberá contener detalladamente la discriminación del pago, el período al que corresponda, así como dar cumplimiento a la normativa que establezca el órgano con competencia en materia tributaria.

Artículo 31

El valor del inmueble para el momento de la transacción (VI) se determinará mediante avalúo realizado según el método de costo de reposición. Le corresponde a la SUNDDE supervisar y acordar la metodología de avalúo a aplicar.

102

Artículo 32

La fijación del canon de arrendamiento de los inmuebles sujetos a regulación de conformidad con el presente Decreto Ley, la determinarán el arrendador y el arrendatario, aplicando uno de los siguientes métodos, seleccionado de común acuerdo:

1. Canon de arrendamiento fijo (CAF), según el cual se toma como base el valor actualizado del inmueble (VI), de acuerdo a lo establecido en el artículo anterior, dividido entre doce (12) meses y entre el área arrendable (M2A), obteniendo el canon por metro cuadrado, luego se multiplica este valor por el área a arrendar (M2a) y por el porcentaje de rentabilidad anual (%RA), establecido en 12% para el primer año de la relación arrendaticia. Cuando se trate de centros comerciales y/o locales comerciales completamente nuevos, el porcentaje de rentabilidad anual (%RA) establecido, podrá ser como máximo de 20% sólo para el primer año.

Se aplicará la siguiente formula:

$$CAF = (VI/12/M\ 2A)\ xM2ax\ \%RA$$

Donde:

CAF: valor del canon de arrendamiento fijo mensual;

VI: valor del inmueble;

M2A: metros cuadrados arrendables;

M2a: metros cuadrados a arrendar;

%RA: porcentaje de rentabilidad anual.

2. Canon de arrendamiento variable (CAV) con base en porcentaje de ventas:

Se establecerá como referencia el Monto Bruto de Ventas realizadas (MBV) por el arrendatario, expresadas en la Declaración Regular del Impuesto al Valor Agregado (IVA) correspondiente al mes inmediatamente anterior. Si hubiere una Declaración Sustitutiva, el porcentaje del monto allí reflejado será sumado al porcentaje de ventas correspondiente al mes siguiente. El porcentaje a aplicar sobre el monto de ventas realizadas será definido por las partes y oscilará entre 1% y 8%, quedando esto claramente establecido en el respectivo contrato. Para casos de operaciones comerciales cuya actividad principal sea entretenimiento, las partes podrán convenir porcentajes entre 8% y 15%.

3. Canon de arrendamiento mixto (CAM) compuesto por porción fija más porcentaje de ventas:

La porción fija en ningún caso será superior a 50% de lo que correspondería a un canon de arrendamiento fijo, según lo establecido en el numeral 1.

El % de ventas en ningún caso será superior a 8%, según lo establecido en el numeral 2.

Cuando el porcentaje de ventas supere el doble de la porción fija, el canon mensual será el que resulte de aplicar lo establecido en el numeral 2, suprimiéndose la porción fija, quedando todo esto claramente establecido en el respectivo contrato.

En caso de no poder acordar arrendatarios y arrendadores conjuntamente el canon o de tener dudas en cuanto a su cálculo, deberán solicitar a la SUNDDE su determinación.

La SUNDDE podrá modificar mediante providencia administrativa los porcentajes de rentabilidad anual (%RA) establecidos en este artículo, cuando así lo determinen razones de interés público o social.

Artículo 33

Los cánones de arrendamiento de los inmuebles sujetos a este Decreto Ley serán revisados en los casos siguientes:

1. Cuando hubiere transcurrido un año después de firmado el contrato de arrendamiento, y su ajuste se hará tomando como tope máximo la variación porcentual anual del grupo "Bienes y servicios diversos" considerado en el índice Nacional de Precios al Consumidor (INPC) del año inmediatamente anterior, de acuerdo con lo publicado por el Banco Central de Venezuela (BCV).

2. Cuando el arrendador haya realizado mejoras o reparaciones mayores cuyo costo excedan 40% del valor del inmueble establecido como base de cálculo para determinar el canon de arrendamiento.

Capítulo VI
De los Sobrealquileres y Gastos Condominiales

Artículo 34

Todo cuanto se cobre en exceso del canon máximo establecido, o lo cobrado por conceptos contrarios a este Decreto Ley, quedará sujeto a reintegro por parte del propietario, arrendador o recaudador. La acción para reclamar el reintegro de sobrealquileres prescribe a los dos (2) años, los montos por este concepto serán objeto de actualización con base en la variación del índice nacional de precios al consumidor (INPC), de acuerdo con lo publicado por el Banco Central de Venezuela (BCV), y podrán ser compensables con los cánones de arrendamiento que el arrendatario deba satisfacer.

Artículo 35

En los inmuebles destinados al uso comercial, que formen parte de otros inmuebles bajo régimen de condominio u otro régimen de propiedad colectiva o de comunidad, la administración del condominio será coordinada por un "Comité Paritario de Administración del Condominio", integrado paritariamente por representantes seleccionados por los propietarios y por los arrendatarios respectivamente.

La representación de los arrendatarios será escogida por los mismos arrendatarios de inmuebles destinados al uso comercial mediante un mecanismo transparente y democrático que asegure la participación de todos los arrendatarios, sin que puedan establecerse preferencias o votos adicionales en dicha elección en función de la participación económica, la alícuota parte del arrendatario o tamaño del inmueble. El Comité Paritario de Administración del Condominio" podrá establecer de común acuerdo con propietarios e inquilinos las normas o reglamentos de condominio, así como la aplicación de sanciones por incumplimiento de lo acordado entre las partes.

Artículo 36

Los gastos comunes que deba pagar el arrendatario de cada inmueble destinado al uso comercial se calcularán sobre la base de la alícuota parte que corresponda a dicho inmueble, del valor total del inmueble que le sirve de asiento. Se entenderá por gastos comunes las erogaciones que deban realizarse para atender el mantenimiento y conservación del inmueble que sirve de asiento al establecimiento comercial, así como los servicios de aseo y limpieza, recolección y disposición de desechos sólidos, agua potable, energía eléctrica, vigilancia, reparación y mantenimiento de maquinaria y equipos, gastos de administración y cualesquiera otros bienes y servicios necesarios para el buen funcionamiento del inmueble que sirve de asiento al establecimiento comercial, y mejoren o hagan posible su funcionamiento.

El "Comité Paritario de Administración del Condominio", podrá establecer contribuciones y/o fondos adicionales para atender gastos de mercadeo o propósitos especiales, cuando así se requiera para el mejor funcionamiento de las actividades comerciales.

Artículo 37

Los gastos comunes serán cancelados por los arrendatarios cuando así lo disponga el respectivo contrato de arrendamiento y deberán ser fehacientemente demostrados por el administrador y descritos en la correspondiente factura, emitida según las disposiciones del ordenamiento jurídico vigente sobre el particular.

Las reparaciones mayores serán por cuenta del arrendador.

Los honorarios contratados por concepto de administración o gestión de los gastos comunes o de condominio en ningún caso serán superiores a diez por ciento (10%) del monto total de los gastos comunes a que refiere este artículo.

Capítulo VII
De la Preferencia Ofertiva y el Retracto Legal Arrendaticio

Artículo 38

En caso de que el propietario del inmueble destinado al uso comercial, o su apoderado, tuviere intención de venderlo, la preferencia ofertiva la tendrá el arrendatario que lo ocupa, siempre que tenga más de 2 años como tal, se encuentre solvente en el pago de los cánones de arrendamiento, de condominio y demás obligaciones contractuales, legales y reglamentarias, y satisfaga las aspiraciones del propietario.

El propietario deberá informar directamente al arrendatario, mediante notificación escrita a través de Notaría Pública, su voluntad de vender el inmueble, expresando su derecho de preferencia, indicando el precio justo, condiciones de venta, plazo de sostenimiento de la oferta no menor a tres (03) meses, procedimiento y dirección de notificación de la correspondiente respuesta, documento de propiedad del inmueble, documento de condominio o propiedad colectiva y certificación de gravámenes. El arrendatario deberá notificar por escrito a través de Notaría Pública, al oferente dentro de los quince (15) días calendarios siguientes al ofrecimiento, su aceptación o rechazo; en caso de rechazo o abstención de pronunciamiento, el propietario quedará en libertad de dar en venta el inmueble a terceros.

Artículo 39

En caso de violación de la preferencia ofertiva, o de que la venta a un tercero haya sido en condiciones más favorables que las ofrecidas inicialmente al arrendatario, éste tendrá derecho al retracto legal arrendaticio, que deberá ejercer dentro de un lapso de seis (06) meses, contado a partir de la fecha de la notificación que de la negociación celebrada deberá hacerle el adquiriente, junto con copia certificada del documento contentivo de la negociación.

Capítulo VIII
De los Desalojos y Prohibiciones

Artículo 40

Son causales de desalojo:

a. Que el arrendatario haya dejado de pagar dos (02) cánones de arrendamiento y/o dos (2) cuotas de condominio o gastos comunes consecutivos.

b. Que el arrendatario haya destinado el inmueble a usos deshonestos, indebidos, en contravención con el contrato de arrendamiento o las normas que regulen la convivencia ciudadana.

c. Que el arrendatario haya ocasionado al inmueble deterioros mayores que los provenientes del uso normal, o efectuado reformas no autorizadas por el arrendador.

d. Que sea cambiado el uso del inmueble, en contravención a la conformidad de uso concedida por las autoridades municipales respectivas o por quien haga sus veces, y/o a lo estipulado en el contrato de arrendamiento, y/o en las normas o reglamento de condominio.

e. Que el inmueble vaya a ser objeto de demolición o de reparaciones mayores que ameriten la necesidad de desocupar el inmueble, debidamente justificado.

f. Que el arrendatario haya cedido el contrato de arrendamiento o subarrendado total o parcialmente el inmueble, salvo en los casos previamente acordados con el propietario y/o arrendador en el contrato respectivo.

g. Que el contrato suscrito haya vencido y no exista acuerdo de prórroga o renovación entre las partes,

h. Que se agote el plazo para el ejercicio del derecho de preferencia adquisitiva del arrendatario y se realice la venta a terceros.

i. Que el arrendatario incumpliera cualesquiera de las obligaciones que le corresponden conforme a la Ley, el contrato, el documento de condominio y/o las Normas dictadas por el "Comité Paritario de Administración de Condominio".

Artículo 41

En los inmuebles regidos por este Decreto Ley queda taxativamente prohibido:

a. El cobro por exhibir o mostrar inmuebles en oferta para el arrendamiento;

b. El arrendamiento de inmuebles con condiciones físicas inadecuadas;

c. El subarrendamiento, salvo en los casos previamente acordados con el propietario y/o arrendador en el contrato respectivo;

d. Establecer cánones de arrendamiento según procedimientos ajenos a lo estipulado en este Decreto Ley;

e. Establecer cánones de arrendamiento en moneda extranjera;

f. El cobro por activos intangibles tale como relaciones, reputación y otros factores similares;

g. El ajuste al canon de arrendamiento durante la vigencia del contrato, salvo por lo previsto en el propio contrato y en el presente Decreto Ley;

h. El cobro de multas por parte del arrendador por la no apertura del local comercial, por incumplimiento en el horario de apertura y/o cierre, por incumplimiento de imposiciones por el arreglo de fachadas y vitrinas y demás normas de convivencia; salvo que estas hayan sido establecidas de común acuerdo en las normas o reglamento de condominio por parte del Comité Paritario de Administración del Condominio;

i.   El cobro por parte del arrendador de cualquier otras penalidades, regalías o comisiones parafiscales, salvo por lo previsto en el contrato y en el presente Decreto Ley;

j.   El arbitraje privado para resolver los conflictos surgidos entre arrendador y arrendatario con motivo de la relación arrendaticia;

k.   La resolución unilateral del contrato de arrendamiento;

l.   Dictar o aplicar medidas cautelares de secuestro de bienes muebles o inmuebles vinculados con la relación arrendaticia, sin constancia de haber agotado la instancia administrativa correspondiente, que tendrá un lapso de 30 días continuos para pronunciarse. Consumido este lapso, se considera agotada la instancia administrativa;

m. La administración del contrato de arrendamiento por parte de empresas extranjeras no radicadas en el país.

Artículo 42

Quedan prohibidos los avisos o anuncios de publicidad ofreciendo inmuebles en arrendamiento comercial en los cuales se considere una o más de las siguientes condiciones:

a.   Se limite por condiciones de preferencia sexual, política o religiosa, identidad de género, origen étnico, estado civil, clase social, profesión o condición social, discapacidad, enfermedades crónicas y/o terminales, para el arrendamiento de inmuebles regidos por este Decreto Ley;

b.   Se oferten montos de rentas falsas o engañosas;

c.   Su texto contenga expresiones que violen o inciten a la infracción de las normas aquí contenidas.

Capítulo IX
Del Procedimiento Judicial

Artículo 43

En lo relativo a la impugnación de los actos administrativos emanados del órgano rector en la materia, la competencia judicial en el Área Metropolitana de Caracas corresponde a los Tribunales Superiores en lo Contencioso Administrativo, y en el resto del país, la competencia corresponde a los Juzgados de Municipio, en cuyo caso, se les atribuye la competencia especial Contencioso Administrativo en materia de Arrendamientos Comerciales.

El conocimiento de los demás procedimientos jurisdiccionales en materia de arrendamientos comerciales, de servicios y afines será competencia de la Jurisdicción Civil ordinaria, por vía del procedimiento oral establecido en el Código de Procedimiento Civil hasta su definitiva conclusión.

Capítulo X
Sanciones

Artículo 44

Los propietarios, administradores, arrendadores o arrendatarios que incumplan con las estipulaciones previstas en el presente Decreto Ley, serán sancionados por el órgano rector en la materia, o la instancia bajo su adscripción que este designe, que deberá señalar la forma en que el sancionado podrá satisfacer el pago de la multa impuesta, utilizando todos los medios legales a su alcance.

Las multas se establecen de la manera siguiente:

1. Quinientas Unidades Tributarias (500 UT), a quienes incumplan con cualquiera de las estipulaciones previstas en los artículos 30; 41, literales "a" y "b"; y 42, sin perjuicio a la aplicación de otras sanciones a que hubiere lugar.

2. Un mil quinientas Unidades Tributarias (1.500 UT), a quienes incumplan con cualquiera de las estipulaciones previstas en los artículos 10; 11; 15; 16; 18; 19; 24; 26; 38; y 41, literales "d" "f", "g", "i", y "j", sin perjuicio a la aplicación de otras sanciones a que hubiere lugar.

3. Dos mil quinientas Unidades Tributarias (2.500 UT), a quienes incumplan con cualquiera de las estipulaciones previstas en los artículos 8; 13; 17; 31; 32; 34; 35; 36; 37; y 41, literales "c", "e", "h", "k", "l" y "m"; sin perjuicio a la aplicación de otras sanciones a que hubiere lugar.

Disposiciones Transitorias

Primera

Todos los contratos vigentes a la fecha de entrada en vigor de este Decreto Ley deberán ser adecuados en un lapso no mayor a seis (6) meses a lo establecido en este Decreto Ley.

Segunda

Los procedimientos administrativos que estén en curso a la fecha de publicación del presente Decreto Ley se adecuarán a lo establecido en el presente Decreto Ley, conforme a las disposiciones reglamentarias dictadas por el Ejecutivo Nacional que regulen la transición de los procedimientos determinados en las normas derogadas y los previstos en este instrumento.

Tercera

Con la entrada en vigencia del presente Decreto Ley se suspende la ejecución de medidas cautelares dictadas en los procedimientos judiciales en curso, hasta tanto se agote la vía administrativa, de conformidad con lo establecido en el artículo 41, literal "L".

Cuarta

Todos aquellos contratos celebrados en moneda extranjera antes de la entrada en vigencia de este Decreto Ley, automáticamente se entenderán pactados en moneda de curso legal venezolana, debiendo ajustarse sus estipulaciones económicas al presente Decreto Ley. Los inmuebles sujetos a estas contrataciones deberán someterse a la regulación de canon consagrada en la presente Ley dentro de los noventa (90) días siguientes a su entrada en vigencia. El incumplimiento de esta disposición será sancionado con multa equivalente a dos mil Unidades Tributarias (2.000 UT).

Quinta

Se ordena la supresión de la Dirección General de Inquilinato del Ministerio del Poder Popular para Vivienda y Hábitat.

Sexta

El Presidente de la República, mediante Reglamento, desarrollará el régimen de supresión de la Dirección General de Inquilinato del Ministerio del Poder Popular para Vivienda y Hábitat y el régimen transitorio que resultare como consecuencia de tal supresión, garantizando la implementación efectiva del presente Decreto Ley y asegurando la continuidad administrativa de las funciones públicas relacionadas con las categorías de arrendamiento reguladas por el presente Decreto Ley.

Disposiciones Derogatorias

Primera

Se desaplican, para la categoría de inmuebles cuyo arrendamiento regula el presente Decreto Ley, todas las disposiciones del Decreto con Rango, Valor y Fuerza de Ley N° 427 de Arrendamiento Inmobiliario, publicado en la Gaceta Oficial de la República Bolivariana de Venezuela N° 36.845 de fecha 7 de diciembre de 1999.

Segunda

Se deroga el Decreto N° 602, mediante el cual se estableció un régimen transitorio de protección a los arrendatarios de inmuebles destinados al desempeño de actividades comerciales, industriales o de producción, del 29 de noviembre de 2013, publicado en Gaceta Oficial N° 40.305 de la misma fecha.

Disposiciones Finales

Única

El presente Decreto Ley entrará en vigencia a partir de su publicación en la Gaceta Oficial de la República Bolivariana de Venezuela.

Dado en Caracas, a los veinticuatro días del mes de abril de dos mil catorce. Años 204° de la Independencia, 155° de la Federación y 15° de la Revolución Bolivariana.

Cúmplase

(L.S.)

NICOLÁS MADURO MOROS

Refrendado

El Vicepresidente Ejecutivo de la República, JORGE ALBERTO ARREA-
ZA MONTSERRAT

El Ministro del Poder Popular del Despacho de la Presidencia y Segui-
miento de la Gestión de Gobierno, CARLOS ALBERTO OSORIO ZÁM-
BRANO

El Ministro del Poder Popular para Relaciones Interiores, Justicia y Paz,
MIGUEL EDUARDO RODRÍGUEZ TORRES

El Ministro del Poder Popular para Relaciones Exteriores, ELÍAS JAUA
MILANO

El Ministro del Poder Popular de Planificación, JORGE GIORDANI

El Ministro del Poder Popular de Economía, Finanzas y Banca Pública,
RODOLFO CLEMENTE MARCO TORRES

La Ministra del Poder Popular para la Defensa, CARMEN TERESA ME-
LÉNDEZ RIVAS

El Ministro del Poder Popular para el Comercio, DANTE RAFAEL RIVAS
QUIJADA

El Encargado del Ministerio del Poder Popular para Industrias, JOSÉ
DAVID CABELLO RONDÓN

El Ministro del Poder Popular para el Turismo, ANDRÉS GUILLERMO
IZARRA GARCÍA

El Ministro del Poder Popular para la Agricultura y Tierras, YVÁN
EDUARDO GIL PINTO

El Ministro del Poder Popular para la Educación Universitaria, RICARDO
JOSÉ MENÉNDEZ PRIETO

El Ministro del Poder Popular para la Educación, HÉCTOR VICENTE
RODRÍGUEZ CASTRO

El Ministro del Poder Popular para la Salud, FRANCISCO ALEJANDRO
ARMADA PÉREZ

El Ministro del Poder Popular para el Trabajo y Seguridad Social, JESÚS
RAFAEL MARTÍNEZ BARRIOS

El Ministro del Poder Popular para Transporte Terrestre, HAIMAN EL
TROUDI DOUWARA

El Ministro del Poder Popular para Transporte Acuático y Aéreo, HE-
BERT JOSUÉ GARCÍA PLAZA

El Ministro del Poder Popular para Vivienda y Hábitat, RICARDO AN-
TONIO MOLINA PEÑALOZA

El Ministro del Poder Popular de Petróleo y Minería, RAFAEL DARÍO
RAMÍREZ CARREÑO

El Ministro del Poder Popular para el Ambiente, MIGUEL LEONARDO
RODRÍGUEZ

El Ministro del Poder Popular para Ciencia, Tecnología e Innovación,
MANUEL ÁNGEL FERNÁNDEZ MELÉNDEZ

La Ministra del Poder Popular para la Comunicación y la Información,
DELCY ELOÍNA RODRÍGUEZ GÓMEZ

El Ministro del Poder Popular para las Comunas y los Movimientos Sociales, REINALDO ANTONIO ITURRIZA LÓPEZ

El Ministro del Poder Popular para la Alimentación, FÉLIX RAMÓN
OSORIO GUZMÁN

El Ministro del Poder Popular para la Cultura, FIDEL ERNESTO BAR-
BARITO HERNÁNDEZ

El Ministro del Poder Popular para el Deporte, ANTONIO ENRIQUE
ÁLVAREZ CISNEROS

La Ministra del Poder Popular para los Pueblos Indígenas, ALOHA JO-
SELYN NÚÑEZ GUTIÉRREZ

La Ministra del Poder Popular para la Mujer y la Igualdad de Género,
ANDREÍNA TARAZÓN BOLÍVAR

El Ministro del Poder Popular para la Energía Eléctrica, JESSE ALONSO
CHACÓN ESCAMILLO

El Ministro del Poder Popular para la Juventud, VÍCTOR JOSÉ CLARK
BOSCÁN

La Ministra del Poder Popular para el Servicio Penitenciario, MARÍA IRIS
VARELA RANGEL

El Ministro de Estado para la Transformación Revolucionaria de la Gran
Caracas, ERNESTO EMILIO VILLEGAS POLJAK

El Ministro de Estado para la Región Estratégica de Desarrollo Integral
Central, DIEGO ANTONIO GUERRA BARRETO

El Ministro de Estado para la Región Estratégica de Desarrollo Integral
Occidental, LUIS RAMÓN REYES REYES

La Ministra de Estado para la Región Estratégica de Desarrollo Integral
Los Llanos, NANCY EVARISTA PÉREZ SIERRA

La Ministra de Estado para la Región Estratégica de Desarrollo Integral
Oriental, MARÍA PILAR HERNÁNDEZ DOMÍNGUEZ

El Ministro de Estado para la Región Estratégica de Desarrollo Integral Guayana, CARLOS ALBERTO OSORIO ZAMBRANO

La Ministra de Estado para la Región Estratégica de Desarrollo Integral de la Zona Marítima y Espacios Insulares, MARLENE YADIRA CÓRDOVA DE PIERUZZI

El Ministro de Estado para la Región Estratégica de Desarrollo Integral Los Andes, CELSO ENRIQUE CAÑELONES GUEVARA

TEXTO DE LEY